基本５文型

　英語には「語の並び方」にしっかりとしたルールがあります。「語の並び方」は基本的に５つの型（パターン）があり，これを「基本５文型」といいます。これは英文法の基礎の基礎ですから，下図を参考にして完璧に覚えましょう。動詞（V）が何かによってほぼ文型が決まるので，動詞の理解は非常に重要です。

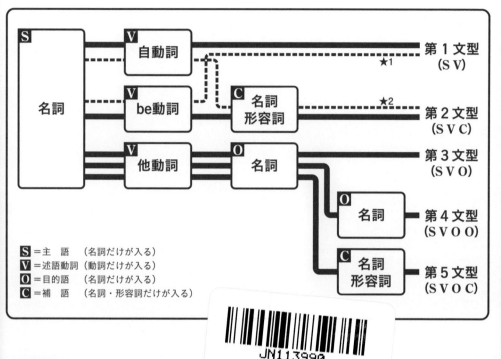

S ＝主　語　（名詞だけが入る）
V ＝述語動詞　（動詞だけが入る）
O ＝目的語　（名詞だけが入る）
C ＝補　語　（名詞・形容詞だけが入る）

JN113990

■注意点

★1…「be動詞」は基本的に「第２文型」をとるが、〔…（する）〕という意味で使う場合は「第１文型」をとる。例：My school **is** near the station.（私の学校は駅の近く**にある**。）

★2…「自動詞」は基本的に「第１文型」をとるが，become〔～になる〕，look〔～に見える〕など，「S＝C」を表す自動詞は「第２文型」をとる。例：He **became** a doctor.（彼は医者に**なった**。）

■重要ポイント

＊各文型の後ろには，修飾語が来る場合も多いが，文型には直接関係ない。

＊基本的に，英語は主語で始まる。主語の前に副詞（のかたまり）などの修飾語が入ることもあるが，文型には直接関係ない。

＊上図の「名詞」の前後には，その名詞を修飾する様々な語（形容詞の働きをする語）が付く場合も多いが，それら全体で「名詞」のかたまりだと考えること。

＊以下の文は，上記の「基本５文型」の例外。そのまま覚えること。

　①「**There is[are]** .....」の文

　②「**It is** .....」の文

　③感嘆文（How ...（**S V**）！／What a[an] ... ～（**S V**）!）など

＊疑問文・否定文・命令文などは，この「基本５文型」が変形した文であるため，「例外」にはあたらない。

英文法
レベル別問題集
3 訂 版

4 中級編

東進ハイスクール・東進衛星予備校 講師
安河内 哲也
YASUKOCHI Tetsuya

東進ブックス

まえがき

　受験生の皆さん,「英文法レベル別問題集」の世界へようこそ。このレベル別問題集シリーズは,「今の自分のレベルから無理なく始めて, 志望校のレベルまで最短距離で実力を引き上げる」というコンセプトで作られています。

　また, すべての問題に一切の無駄を省いた的確な解説を付けることで, 次々と解き進めるスピード感を保ちながら, 自分のペースで独習できる問題集になるよう, さまざまな点に配慮して制作されました。

　どんな学習においても, スモールステップで, 地盤を固めながら自分の実力レベルを引き上げていくことが, 最も確実で, 最も効率的な方法です。

　本シリーズでは, 1 冊で全レベルをカバーするのではなく, 6 段階 (①〜⑥) の「レベル別」の問題集にすることで, 個人のレベルに応じた, きめの細かい効率的な学習を可能にしました。

　例えば, 有名私大・国立大学を目指す人は, レベル③・④で基礎を固め, 最終的にレベル⑤を学習するとよいでしょう。また, 英語をもう一度基礎からやり直したいと考えている人は, レベル①・②から学習を始めてください。

　このように, 右ページのレベル対照表などを参考にしつつ, 自分の今のレベルと志望校レベルに合った学習をおすすめします。下は公立高校受験レベルから, 上は難関大学入試レベルまで, 皆さんの現段階のレベルに合わせて使用できるようになっています。

　なお, 今回の改訂によって, デザイン・内容等が一新されました。本書の洗練された見やすさ・使いやすさ, そしてわかりやすさを実感していただければ幸いです。さらに, 単に「文法問題を解いて終わり」にするのではなく, ぜひ, 本書に新しく追加された音声や動画を活用して繰り返し音読してください。最終的には, 本書の問題文 (英文) を耳で聞いてすべてわかるようになることを目指しましょう。

　このレベル別問題集シリーズを 1 つずつこなしていくたびに, 自分の英語力が確実に一段ずつ上がっていくのを感じることでしょう。ぜひ, 本シリーズで皆さんの英語力を高め, 合格への階段を一段ずつのぼってほしいと思います。

著者

▼志望校レベルと本書のレベル対照表

難易度※1	偏差値※1	志望校レベル※2		本書のレベル(目安)
		国公立大(例)	私立大(例)	
難 ↑	~67	東京大	国際基督教大(教養),慶應義塾大(商,理工,看護医療),早稲田大(法,社会科,人間科,基幹理工,創造理工,先進理工)	⑥最上級編
	66~63	東北大	上智大(経済,総合グロ),青山学院大(文,経済,理工,社会情報),明治大(商,政経,文,農,経営,国際日本,総合数理),中央大(法,経済,商,理工,文,総合政策,国際経営,国際情報),同志社大(文,社会,商,経済,法,政策,文化情報,理工,スポ健,心理,グロコミュ,グロ地域,生命医科,神)	
	62~60	名古屋市立大(薬),千葉大,静岡県立大(国際関係学部)	東京理科大(理,工,創域理工など),法政大(経済,社会,現代福祉,理工,デザイン工など),学習院大(法,文,経済,国際社会科,理),武蔵大(経済,人文,社会,国際教養),中京大(国際,文,心理,法など),立命館大(法,産業社会),成蹊大(文,理工)	⑤上級編
	59~57	静岡大,高崎経済大,山形大,岐阜大,和歌山大,島根大,群馬大(情報学部,理工学部)	津田塾大(学芸,総合政策),関西学院大(文,社会など),獨協大(外国語,国際教養など),國學院大(文,神道文化,法など),成城大(社会イノベ,文芸など),南山大(人文,外国語など),武蔵野大(文,グローバルなど),京都女子大(文,発達教育など),駒澤大(文,医療健康など),専修大(経済,法など),東洋大(文,経済,理工など),日本女子大(文,家政,理)	④中級編
	56~55	高知大,長崎大,鹿児島大,福島大(人文社会学群,農学群)	玉川大(文,経営,教育など),東海大(文,文化社会,法など),文教大(文,経営,国際など),立正大(心理,法,経営など),西南学院大(商,経済,法など),近畿大(法,経済,経営など),東京女子大(現代教養),日本大(法,文理,経済など),龍谷大(文,経済,経営など),甲南大(文,経済,法など)	
	54~51	琉球大,長崎県立大,青森公立大,秋田県立大	亜細亜大(経営,経済など),大正大(文,仏教など),国士舘大(政経,法など),東京経済大(経営,コミュなど),名城大(経営など),武庫川女子大(文,教育など),福岡大(人文,経済など),杏林大(外国語など),京都産業大(経済など),創価大(教育など),帝京大(経済,文など),神戸学院大(経営,経済など)	③標準編
	50~	職業能力開発総合大	大東文化大(文,経済,外国語など),追手門学院大(法,文,国際など),関東学院大(経済,経営,法など),桃山学院大(経済,経営,法など),九州産業大(経済,商,国際文化など),拓殖大(商,政経など),摂南大(経済,経営,法など),札幌大(地域共創学群)	②初級編
	-	難関公立高校(高1・2生)	難関私立高校(高1・2生)	①超基礎編
易 ↓		一般公立高校(中学基礎~高校入門)	一般私立高校(中学基礎~高校入門)	

※1:主に文系学部(前期)の平均偏差値。偏差値は,東進模試によるおおよその目安です。

※2:このレベル対照表には,2021~2023年度の入試において文法問題が出題されていた大学・学部の一例を掲載しています。

改訂点と問題構成

　発売以来多くの受験生から支持を集め，ベストセラーとなったこの「英文法レベル別問題集」ですが，さらに優れた問題集になるよう，以下の点を徹底的に追求して改訂を行いました。

---●　主な改訂点　●---

①デザインを一新し，より見やすく，シンプルで使いやすい問題集にした。
②「ポイント講義」の内容を増補・加筆修正し，例文も豊富に収録した。
③復習も含めてこの1冊でできるように，音声・動画を追加した。

　本シリーズは，旧版『英文法レベル別問題集【改訂版】』に引き続き，下記表のような問題構成になっています（収録している問題は，旧版と同一のものです）。英文法の全項目を，それぞれのレベルに合わせて何度も繰り返し学習することで，着実に得点力を上げていくことができるシステムになっています。

▶各レベルの文法項目と収録問題数

項目	①	②	③	④	⑤	⑥	合計
動詞	⑩	⑳	⑭	㉘	㉚	●	102問
時制	⑩	⑩	⑭	⑭		●	48問
助動詞	⑳	⑳		⑭		●	54問
受動態	⑳		㉘			●	48問
不定詞	⑳	⑩	㉘	⑭	⑩	●	82問
動名詞	⑳	⑩	㉘	⑭	⑦	●	79問
分詞	⑳	⑳	㉘	⑭	⑦	●	89問
分詞構文			㉘	⑭	⑥	●	48問
関係詞	⑳	⑳	㉘	㉘	㉚	●	126問
比較	⑳	⑳	㉘	㉘	㉚	●	126問
仮定法		⑩	㉘	㉘	㉚	●	96問
名詞・代名詞	⑳	⑳		㉘	㉚	●	98問
形容詞・副詞					㉚	●	30問
前置詞・接続詞		⑳		㉘	㉚	●	78問
否定					㉚	●	30問
その他	⑳	⑳	㉘	㉘	㉚	●	126問
合計	200問	200問	280問	280問	300問	310問	1570問

※赤丸数字は問題数。「動詞・時制」など，1レッスンに2つの項目がある場合は問題数を二分割して計算。
※中間テスト（各レベルに計45～60問あり）の問題数は含んでいません。
※レベル⑥の構成は文法項目ごとではない（問題形式ごとである）ため，問題数は表記していません。

レベル④の特徴

こんな人に最適！

☑ 英文法・語法問題への応用力を身につけたい人

☑ 中堅私大・国公立大合格レベルの実力を身につけたい人

☑ 難関大の英文法へと進む準備をしたい人

レベル④の位置付け

このレベルでは，英文法・語法に関しては，**大学受験に十分に通用する中級レベルの実力を身につける**ことを目標とします。

関係詞・仮定法などの最頻出分野に加えて，名詞・代名詞や動詞の語法に関する頻出問題もマスターすることで，**標準的な大学受験問題には十分に対応できるようになる**はずです。

頻出パターンをたたき込む！

このレベル④の学習からは，ただ単に出てきた問題が解けるだけでなく，関連する事項を頭の中で整理・記憶して，別の問題で違う角度から問われてもうまく解答できる**応用力**を磨いていくようにしましょう。

このレベルでは，確かに暗記すべきことは多いですが，試験に頻出するからこそ，暗記しなければならないのです。得点力の大幅アップのために，ここが頑張りどころです。

また，このレベルになると，問題文に含まれる語彙のレベルも高くなってきます。意味がわからなかった単語・熟語があったら，巻末の「単語・熟語リスト」を活用して定着させると良いでしょう。

英文法の頂点を目指す！

レベル④が，このシリーズの１つの区切りです。ここまで完成すると，**中堅私大レベルの試験問題で十分に合格点を取ることができる**力が身につきます。難関大合格を目指す人は，さらにレベル⑤，⑥へと進み，英文法を極めていってください。

本書の使い方

1 問題を解く

　本書では，各レベルで必要な英文法を項目ごとに全10レッスンに分けています。各レッスンの最初に「学習ポイント」の講義があり，そのあと「問題」が収録されています。

❶ポイント講義

　各レッスンの最初に，そのレッスンで扱う内容について簡単な講義を行います。各レベルで，どの点に注意して学習を進めていけばよいのか，**学習のポイント**を明確にします。重要な語句・表現は，例文とセットで確認しましょう。

※3〜4つのレッスンごとに中間テストがあります。それまでに扱った文法項目の中から出題されるので，❶と❷を復習してから取り組みましょう。

❷問題

各レッスンの問題数は28問です。入試問題のデータベースから，レベル・項目に応じて必要な良問を厳選して収録しています。問題には以下の3パターンがあります。

- ①空所補充問題…英文の空所を補う
- ②正誤問題………英文の誤りを指摘する
- ③整序問題………英文を正しく並べ替える

※問題の一部を改編した場合は〈改〉と記してあります。

【問題（左ページ）】
間違えたり理解できなかったりした問題は□にチェックし，あとで再チャレンジしましょう。

 ＝このレベルで頻出する問題

 ＝このレベルでは難しい問題

【解答（右ページ）】
しおりや赤シートで隠し，1問ずつずらしながら学習することもできます。

きそ ＝基礎なので完全に理解したい解説

 ＝要注意事項を述べた解説

2 音声・動画で復習する

本書で学習した後は，付属の**「読み上げ音声」**と**「リスニング動画」**で復習しましょう。英文を繰り返し音読することで，リスニング力の向上にもつながります。**オーバーラッピング**（英文を見ながら音声と同時に音読する）や**シャドーイング**（音声を追いかけるように音読する）などに活用してください。

❶読み上げ音声の使い方

「問題」で出題されているすべての問題文（英文・和訳）の読み上げ音声を聴くことができます（中間テストの問題を除く）。音声はレッスンごとに分けられており，「問1英文→問1和訳→問2英文→問2和訳→…」の順に流れます。音声ファイルの名称は下記のようにつけられています。

01 LV4 Lesson01 .mp3
トラック名　レベル　　　レッスン

【音声の再生方法】

(1)ダウンロードして聞く (PC をお使いの場合)

「東進WEB書店 (https://www.toshin.com/books/)」の本書ページにアクセスし，パスワード「GwBLv4r25t」を入力してください。mp3形式の音声データをダウンロードできます。

(2)ストリーミング再生で聞く (スマートフォンをお使いの場合)

右のQRコードを読み取り，「書籍音声の再生はこちら」ボタンを押してパスワード「GwBLv4r25t」を入力してください。

※ストリーミング再生は，パケット通信料がかかります。

❷リスニング動画の使い方

画面に問題文（英文・和訳）が表示され，それに合わせて「問1英文→問1和訳→問2英文→問2和訳→…」の順に音声が流れます。再生される音声は❶の読み上げ音声と同じものです。

【動画の再生方法】

右のQRコードを読み取ると，専用ページにアクセスできます。Lesson 01 〜 Lesson 10 が一覧になっているので，学習したいレッスンのURLを選んで視聴してください。専用ページをブックマーク（お気に入り）登録しておけば，本書を持ち歩かなくても復習ができます。

※本書に収録している音声は，アプリ「東進ブックスStore」の『英文法レベル別問題集【改訂版】』と同じ音声を使用しています。

▼本シリーズの学習内容全体図

① 超基礎編

01 動詞・時制
1 現在進行形　2 過去形
3 現在完了形

02 助動詞
1 shall を使った文
2 must の 2 つの意味
3 had better の用法

03 代名詞
1 所有代名詞　2 -thing形の名詞
3 人を表すさまざまな代名詞
4 再帰代名詞

04 受動態
1 受動態の作り方
2 受動態と時制　3 by 〜 の省略
4 made の後ろの前置詞の違い
5 感情を表す受動態

05 比較
1 比較級・最上級の作り方
2 比較の重要構文
3 不規則変化をする形容詞・副詞
4 基数と序数

06 不定詞
1 不定詞の基本 3 用法
2 疑問詞＋不定詞
3 ... enough to V構文
4 too ... to V構文
5 不定詞のみを目的語にとる動詞

07 動名詞
1 動名詞のみを目的語にとる動詞
2 前置詞の後ろの動名詞
3 主語の位置に来る動名詞

08 分詞
1 過去分詞　2 現在分詞
3 分詞の位置

09 関係代名詞
1 主格 (who, which, that)
2 目的格 (whom, which, that)
3 所有格 (whose)

10 その他
1 期間を表す前置詞
2 不可算名詞の数え方
3 疑問詞を用いた文

② 初級編

01 動詞
1 自動詞と他動詞
2 第 2 文型　3 第 5 文型

02 助動詞
1 must not と don't have to の違い
2 助動詞の慣用表現
3 助動詞の推量の意味

03 不定詞・動名詞
1 不定詞の形容詞的用法
2 形式主語
3 動名詞のみを目的語にとる動詞

04 分詞
1 Ving (能動の関係)
2 Vpp (受動の関係)
3 V＋O＋分詞
4 Ving (現在分詞) と Vpp (過去分詞)

05 比較
1 比較級・最上級の作り方
2 比較級を使った基本表現
3 倍数表現　4 比較の強調
5 比較級・最上級で不規則変化を
する形容詞・副詞

06 関係詞
1 関係代名詞　2 関係副詞
3 関係代名詞のwhat と that の違い

07 前置詞・接続詞
1 前置詞on の用法
2 till[until] と by の違い
3 時を表すいろいろな前置詞
4 命令文, and[or] S V

08 時制・仮定法
1 副詞節の中の時制
2 現在完了形　3 仮定法

09 名詞・代名詞
1 another の用法　2 other の用法
3 不可算名詞　4 不定代名詞

10 その他
1 付加疑問文　2 感嘆文
3 注意すべき副詞

③ 標準編

01 動詞・時制
1 自動詞と間違えやすい他動詞
2 まぎらわしい自動詞と他動詞
3 時・条件の副詞節

02 受動態
1 受動態の基本形　2 群他動詞の受動態
3 受動態の進行形
4 感情を表す受動態
5 by以外の前置詞が使われる受動態
6 受動態を使った書き換え

03 不定詞
1 不定詞の基本用法　2 形式主語
3 形式目的語　4 動詞＋O＋to V

04 動名詞
1 to Ving の熟語
2 動名詞のみを目的語にとる動詞
3 目的語が不定詞か動名詞かで意
味の変わる動詞
4 受動態の動名詞・完了形の動名詞

05 分詞
1「させる」という意味を持つ動詞
2 付帯状況の with
3 have 〜 Vpp　4 get 〜 Vpp
5 補語としての分詞

06 分詞構文
1 分詞構文の基本形
2 受動分詞構文　3 独立分詞構文

07 関係詞
1 関係代名詞の目的格
2 関係代名詞のwhat　3 関係副詞

08 比較
1 比較の強調
2 比較を使った最上級　3 倍数表現
4 that of 〜 / those of 〜

09 仮定法
1 仮定法過去　2 仮定法過去完了
3 未来のことに対する仮定法
4 仮定法の基本形　5 I wish .....

10 その他
1 another の用法
2 so＋be動詞 [助動詞]＋S
3 疑問詞の how と what の違い
4 混同しやすい名詞
5 まぎらわしい前置詞

動

時

時

動

時

仮

━━━▶ 1つ上のレベルでつながっている文法事項

┈┈┈▶ レベルをまたいでつながっている文法事項

本シリーズの「⑤ 上級編」「⑥ 最上級編」は 2024 年夏頃発売予定です。「⑤ 上級編」「⑥ 最上級編」で扱うトピックは変更となる場合があります。

もくじ ⊕学習記録

＊問題を解いたあとは得点と日付を記入し，付属の「読み上げ音声」を聴いたり，「リスニング動画」を視聴したりして繰り返し復習しましょう。

● 本書で使用する記号 ●

S ＝主語　　**V** ＝動詞（原形）　　**O** ＝目的語　　**C** ＝補語　　**S V** ＝文・節（主語＋動詞）

Vp ＝過去形　　**Vpp** ＝過去分詞　　**Ving** ＝現在分詞（or 動名詞）　　**to V** ＝不定詞

〜 ＝名詞　　... / … ＝形容詞 or 副詞　　..... / …… ＝その他の要素（文や節など）

[　] ＝言い換え可能　　※英文中の[ ]の場合　　(　) ＝省略可能　　※英文中の( )の場合

A / B ＝対になる要素（品詞は関係なし）

10

LV4
STAGE-1

時制・助動詞

> 時制の問題で頻出なのは，何といっても「時や条件を表す副詞節の中では未来のことでも現在形または現在完了形で書く」というルール。また助動詞では，慣用表現と過去のことに対する推量や後悔などを表す「助動詞＋ have V_{pp}」の形が頻出です。ここではまず，それらのポイントを確認しましょう。

1 時・条件の副詞節

> 問　Let us start as soon as he 　　　 .
> 　　① come　　　② will come　　　③ came　　　④ comes
> 〔和洋女子大 (英文)〕

　節とは S V，つまり主語と述語を持ったかたまりのこと。主語や目的語の位置に置かれて，名詞の働きをするものを名詞節，名詞を修飾するものを形容詞節，また動詞や文全体を修飾するものを副詞節といいます。

　この問題では，as soon as S V（S が V するとすぐに）は，start という動詞を修飾するように使われているので副詞節です。ここで絶対に覚えておかなければならないことが，**時や条件を表す副詞節の中では，未来のことでも現在形または現在完了形で書く**というルール。確かに，「彼が来る」のは未来ですが，as soon as S V が時を表す副詞節なので，未来形の② will come ではなく，現在形の④ comes を選びましょう。

　答⇒④（訳：彼が来たらすぐに出発しよう。）

● 代表的な副詞節をとる接続詞 ●

☐ when S V　　　　　　　　＝ S が V するとき
　例 I will call Jim when I finish my homework.
　（宿題を終えたら，ジムに電話する。）

☐ after S V　　　　　　　　＝ S が V した後
　例 Let's go for a walk after the rain stops.
　（雨がやんだら，散歩に行こう。）

☐ if S V　　　　　　　　　＝ S が V するならば
　例 If you cook breakfast tomorrow morning, I will wash the dishes.
　（明日の朝あなたが朝食を作るならば，私が食器を洗うつもりだ。）

2 助動詞の慣用表現

> 問　You ☐ walk round in such a place at night.
>
> ① had better not　　② had not better
>
> ③ had better not to　④ didn't have better
>
> 〔日本工大〕

had better V は「**V した方がよい**」という意味の慣用表現。had better は助動詞の働きをするので，後ろには原形の動詞が来ます。否定の場合は，had better not V（V しない方がよい）という形になることに特に注意しましょう。

答⇒①（訳：夜はこのような場所を歩き回らない方がよい。）

● 助動詞の慣用表現 ●

☐ Would you **V** ?　　　＝ V していただけませんか。

例 Would you help me carry this bag?
（このかばんを運ぶのを手伝っていただけませんか？）

☐ would rather **V₁** (than **V₂**) ＝（V₂ するよりも）むしろ V₁ したい

例 I would rather play soccer than do my homework.
（私は宿題をするよりもむしろサッカーをしたい。）

☐ cannot[can't] **V** too ...　＝どんなに…に V してもしすぎではない

例 When using a hammer, you cannot be too careful.
（ハンマーを使うときには，どんなに注意してもしすぎではない。）

☐ may[might] as well **V₁** (as **V₂**)

＝（V₂ するくらいなら）V₁ した方がましだ

例 You may as well do your homework now as get scolded by the teacher.
（あなたは先生に叱られるくらいなら今宿題をやった方がましだ。）

3 助動詞＋ have Vpp

> 問 She ☐ been sick in bed yesterday. I saw her at the supermarket.
>
> ① cannot have　　　　　② may not have
>
> ③ must have　　　　　　④ would have
>
> 〔昭和女大〕

　現在から過去のことを推量したり，後悔したりするときに使われるのが，**助動詞＋ have V_{pp}** の形。それぞれの助動詞とその意味を下の表で確認し，例文や問題演習の中で理解しておきましょう。ここでは「彼女をスーパーで見た」わけなので，「病気で寝ていたはずがない」という否定文にならなければおかしいですね。

　答⇒①（訳：彼女が昨日病気で寝ていたはずがない。私は彼女をスーパーで見た。）

● 助動詞＋ have Vpp ●

☐ cannot have V_{pp}　　　　　＝ V したはずがない

　例 She cannot have met the new teacher.
　　（彼女は新しい先生に会ったはずがない。）

- -

☐ must have V_{pp}　　　　　　＝ V したにちがいない

　例 He must have forgotten his keys at home.
　　（彼は鍵を家に忘れたにちがいない。）

- -

☐ may[might] have V_{pp}　　　＝ V したかもしれない

　例 She may have left her umbrella at the office.
　　（彼女は傘をオフィスに忘れたかもしれない。）

- -

☐ should[ought to] have V_{pp} ＝ V したはずだ

　　　　　　　　　　　　　　　　＝ V すべきだったのに

　例 Mark should[ought to] have arrived at the airport already.
　　（マークはもう空港に到着したはずだ。）

　例 I should[ought to] have called my father yesterday.
　　（昨日，父に電話すべきだったのに。）

□ need not have V_{pp} ＝ V する必要はなかったのに

例 You need not have bought so many apples.
（あなたはそんなにたくさんのリンゴを買う必要はなかったのに。）

....

□ could have V_{pp} ＝ V したかもしれない

＝ V できただろうに

例 I could have eaten at that restaurant before.
（以前，そのレストランで食事をしたかもしれない。）

例 We could have saved money if we had bought the tickets in advance.
（私たちは前もってチケットを買っていたらお金を節約できただろうに。）

　勘がいい人なら気づいたかもしれませんが，「過去への後悔」は過去の出来事が実際にはなかったことを嘆く表現であることから，条件節の省略された仮定法過去完了（→ p.90 *Lesson* 06「**仮定法の用法**」）として考えることもできます。

問1：次の英文の空所に入れるのに最も適当なものを選べ。

□1　I am sure you will feel a lot better if ⬚1⬚ a good night's sleep.

　①having　　　　　　　　　②you are going to have
　③you have　　　　　　　 ④you will have

〔京都産業大（経・理・工・外）〕

◆□2　She ⬚2⬚ hardly left the house when the doorbell rang.

　①did not　　　　　　　　②have not
　③had　　　　　　　　　 ④had not

〔和洋女子大（英文）〕

□3　Taro ⬚3⬚ he would be absent from school next week.

　①told　　　　　　　　　②was telling
　③said　　　　　　　　　④says

〔大阪経大（経）〕

頻出□4　Jane ⬚4⬚ in Tokyo for three years by next April.

　①is　　　　　　　　　　②will be
　③will have　　　　　　 ④will have been

〔東京電機大（工－情報通信）〕

□5　Mr. Suzuki ⬚5⬚ here ever since he came to Kyoto 25 years ago.

　①has been teaching　　　②is teaching
　③was teaching　　　　　④would have taught

〔京都産業大（経・理・工）〕

□6　He ⬚6⬚ in Nagano for seven years when his daughter was born.

　①is living　　　　　　　②was living
　③has been living　　　　④had been living

〔拓殖大（政経－経）〕

16

Answers

答1 一晩よく眠ったら，きっと気分がずっと良くなると思うよ。
　　1 ⇒ ③ you have
　▶時や条件を表す副詞節の中では，未来のことでも現在形や現在完了形を使って表現します。ここでは，if S V は「S が V するならば」という意味の条件を表す副詞節として使われているので，現在形の③ you have を選びましょう。ちなみに，if S V が「S が V するかどうか」という意味のときは名詞節になります。

答2 彼女が家を出るか出ないかのときにドアのベルが鳴った。
　　2 ⇒ ③ had
　▶S₁ had hardly[scarcely] V₁pp when[before] S₂ V₂p は，「S₁ が V₁ するとすぐに S₂ は V₂ した」という意味の重要構文。この構文では特に時制と語順に注意する必要があります。また，この構文は，hardly[scarcely] を文頭に出し，後ろが倒置された Hardly[Scarcely] had S₁ V₁pp when[before] S₂ V₂p と書き換えることができます。

答3 太郎は，来週学校を休むと言った。
　　3 ⇒ ③ said
　▶空所に続く節に will の過去形 would が使われているので，主節も過去時制だと考えられます。また，後ろに直接 that 節をとるのは，tell ではなく say なので，答えは③ said です。ここでは，he の前に that が省略されていることにも注意しましょう。

答4 来年の4月で，ジェーンは東京に来て3年になる。
　　4 ⇒ ④ will have been
　きそ ▶未来のある時点までの完了，経験，継続は未来完了形（will have Vpp）を使って表現することができます。ここでは，「来年の4月」という未来の一時点までの継続を表しています。

答5 鈴木先生は25年前に京都に来て以来，ずっとここで教えている。
　　5 ⇒ ① has been teaching
　▶現在までの完了，経験，継続を表すには，現在完了形（have Vpp）が使われます。ここでは，have[has] been Ving という現在完了進行形で，現在までの動作の継続を表しています。

答6 彼は，娘が生まれたときには，7年間長野に住んでいた。
　　6 ⇒ ④ had been living
　▶過去のある時点までの完了，経験，継続を表すには，過去完了形（had Vpp）が使われます。ここでは，「彼の娘が生まれたとき」という過去の一時点までの継続を表しています。過去完了形は大過去といって，過去よりももっと前のことを表すことができるということにも注意しておきましょう。

Answers

7 Last year I gave him a book for his birthday, but at the party next week I ⬚7 him a CD.

① am going to give   ② give

③ have given   ④ will have given

〔京都産業大 (経・理・工・外)〕

8 "Why don't you like Brazil?" "We ⬚8 a good time there."

① haven't gone   ② have never had

③ have ever been   ④ haven't

〔流通科学大 (商)〕

9 "No one was prepared for Professor Hill's questions." "I guess we ⬚9 the lesson last night."

① could read   ② ought to read

③ read   ④ should have read

〔センター試験〕

頻出 **10** In the southern part of the city there ⬚10 an art school.

① used to be   ② used to being

③ used to have been   ④ used to having

〔京都産業大 (経・理・工)〕

11 My friend ⬚11 here by now, for he took the first train.

① can arrive   ② may arrive

③ must arrive   ④ ought to have arrived

〔東海大 (理・工)〕

12 We ⬚12 bother Father now. He seems to be very busy.

① don't have better   ② had better not

③ had no better   ④ had not better

〔京都産業大 (経営・外・法)〕

答7 去年, 私は彼の誕生日に本をプレゼントしたが, 来週のパーティーで私は彼に CD をプレゼントするつもりだ。

　　　7 ⇒① am going to give

　　　▶ at the party next week (来週のパーティーで) は, 明らかに未来を表す表現。ここでは, 未来を表す be going to という表現を使った ① am going to give を選びましょう。

答8 「どうしてブラジルが好きではないのですか。」「私たちはそこで楽しい時を過ごしたことがないのです。」

　　　8 ⇒② have never had

　　　▶「今までに V したことがない」という意味を表すには, have never V_{pp} という形を使います。ここでは, have の過去分詞 had が V_{pp} の位置で使われているのでまぎらわしくなっています。

答9 「誰もヒル教授の質問に答える準備ができていなかったな。」「昨晩その課を読んでおくべきだったと思う。」

　　　9 ⇒④ should have read

　きそ ▶現在から過去のことを推測したり後悔したりする場合は, 助動詞＋完了形の形を使います。ここでは, should have V_{pp} (V すべきだったのに) という過去のことに対する後悔を表す表現が使われています。

答10 市の南部に, かつて美術学校があった。

　　　10 ⇒① used to be

　　　▶過去の習慣や状態を表すには, used to V (昔は V したものだった) という表現を使います。get[be] used to Ving (V するのに慣れる [慣れている]) という熟語と混同しないように気をつけて覚えておきましょう。

答11 私の友人は今はもうここに着いているはずだ。始発に乗ったのだから。

　　　11 ⇒④ ought to have arrived

　⚠ ▶ ought to have V_{pp} や should have V_{pp} は「V すべきだったのに」という意味に加えて,「V したはずだ」という当然を表す意味もあることを覚えておきましょう。ここでは, この当然の意味として ought to have V_{pp} が使われています。

答12 私たちは今父さんを悩ませない方がよい。彼はとても忙しそうだ。

　　　12 ⇒② had better not

　きそ ▶ had better V (V した方がよい) という表現を否定にするには, had better not V という語順にしなければならないことに注意しましょう。

難 □ **13** You ☐13☐ throw your money away as lend it to that man.

   ① may well   ② might well

   ③ can as well   ④ might as well

〔英検2級〕

□ **14** Taro might try to pay Hanako, ☐14☐ never take any money.

   ① but she would   ② and he will

   ③ or he may well   ④ however he could

〔亜細亜大（経営）〈改〉〕

□ **15** I'm awfully sorry, but I had no alternative. I simply ☐15☐ what I did.

   ① had to do   ② have had to do

   ③ must do   ④ ought to have done

〔関東学院大（経済）〕

□ **16** I ☐16☐ him somewhere, but I cannot recall where.

   ① may meet   ② may have meet

   ③ will have met   ④ might have met

〔東京国際大（商）〈改〉〕

頻出 □ **17** She ☐17☐ be over thirty; she must still be in her twenties.

   ① may   ② must

   ③ oughtn't   ④ can't

〔京都学園大（経）〕

□ **18** "Have you seen Jim?" "No, but he ☐18☐ be at his desk."

   ① may   ② ought

   ③ used to   ④ dare

〔桃山学院大〈改〉〕

答13 あなたはあの男に金を貸すぐらいなら，捨てた方がましだ。

　　　13 ⇒④ might as well

　　▶ **may[might] as well V₁ (as V₂)** は，「**(V₂ するくらいなら) V₁ した方がましだ**」という意味の助動詞の慣用表現。**may well V** (**V するのももっともだ**) という表現と混同しないように覚えておきましょう。

答14 太郎は花子に払おうとするかもしれないが，しかし彼女は決してお金を受け取らないだろう。

　　　14 ⇒① but she would

　　⚠ ▶ **might** は「かもしれない」という意味で，現在における推量を表します。後半は，太郎がお金を払おうとした場合の花子の反応を想像して述べているので，仮定的な意味で推量を表す **would** が使われます。

答15 本当に申し訳ありませんが，他に選択の余地がなかったのです。私はただ単にそうしなければならなかったのです。

　　　15 ⇒① had to do

　　きそ ▶「**現在 V しなければならない**」という意味を表すには，**have to V**，もしくは **must V** という表現を使います。「**過去に V しなければならなかった**」という意味を表すには，have の過去形 had を使って **had to V** という形にします。

答16 私は彼にどこかで会ったかもしれないが，どこだか思い出せない。

　　　16 ⇒④ might have met

　　▶過去のことに対する推量を表す **may[might] have Vₚₚ** (**V したかもしれない**) という表現が使われています。過去のことに対する推量や後悔を表すには，助動詞＋完了形という形を使うことに注意しましょう。

答17 彼女が 30 歳を超えているはずがない。彼女はまだ 20 代にちがいない。

　　　17 ⇒④ can't

　　▶ **cannot[can't] V** は，「**V するはずがない**」という意味があります。それぞれの助動詞の意外な意味に注意して覚えていきましょう。

答18 「ジムを見かけましたか。」「ううん，でもたぶん机のところだと思うよ。」

　　　18 ⇒① may

　　▶「**V するかもしれない**」という推量の意味を表現するには，**may[might]** を使います。**may** には**許可** (**V してもよい**) の意味もあることに注意しましょう。ought には to が必要。また used to は「かつては……した」という意味で過去の習慣を表し，dare は「あえて……する」という意味。

☐ 19 A : Won't you tell me more about your problem?

B : I ☐19 talk about it anymore.

① would rather not   ② would like to

③ would rather not to   ④ should like to

〔中央大(理工 – 数・電・管理)〕

頻出 ☐ 20 The boy solved the problem faster than anybody else. He ☐20 be very intelligent.

① had better   ② must

③ ought   ④ would

〔京都産業大(経・理・工・外)〕

問 2：次の英文の下線部のうち，誤った英語表現を含む番号を選べ。

頻出 ☐ 21 Will you ①<u>hand</u> this message ②<u>to her</u> when she ③<u>will come</u> back ④<u>home</u>?

誤り＝ ☐21

〔流通経済大(経 – 経)〕

難 ☐ 22 My brother ①<u>has finished</u> ②<u>writing</u> ③<u>the report</u> last night, and now he will begin ④<u>to read</u> some books on management.

誤り＝ ☐22

〔産能大〕

☐ 23 When he came ①<u>home</u> ②<u>in the evening</u>, his wife ③<u>talked</u> with her mother ④<u>over</u> the telephone.

誤り＝ ☐23

〔東邦大(医)〕

答19 A:「もっとあなたの問題のこと話してよ。」
B:「私はそのことはもうこれ以上話したくない。」
19 ⇒① would rather not
▶ **would rather V** は「**むしろVしたい**」という意味の，助動詞の慣用表現。これ
を否定にすると，**would rather not V**（〈どちらかといえば〉**V**したくない）とな
ります。語順に注意して覚えておきましょう。

答20 その少年は誰よりも速くその問題を解いた。彼は大変賢いにちがいない。
20 ⇒② must
▶ **must V** は「**Vしなければならない**」という意味に加えて，「**Vするにちがいな
い**」という強い推量を表す意味もあります。このような助動詞の持つ意外な意味に
注意して覚えていきましょう。

答21 彼女が家に帰ってきたら，この伝言を渡してくれませんか。
21 ⇒③ will come → comes
きそ ▶ ここでは，**when S V** は「**SがVするとき**」という意味の副詞節なので，③ will
come を comes という現在形に訂正しましょう。時や条件を表す副詞節の中では，
未来のことでも現在形（現在完了形）を使わなければなりません。

答22 私の弟は昨夜レポートを書き終えて，今は経営に関する本を何冊か読み始
めるつもりだ。
22 ⇒① has finished → finished
▶ **last night** のような，過去のある時点を明確に示す表現がある場合は，現在完了
形を使うことはできません。ここでは，① has finished を過去形の finished に訂
正しましょう。現在完了形は，常に現在が基準であることに注意しましょう。

答23 彼が晩に帰宅したとき，妻は電話で母親と話しているところだった。
23 ⇒③ talked → was talking
▶ **talked** だと，彼が帰宅したと同時に妻が電話で母親と話し始めたように感じら
れるので不自然です。ここでは，「彼が帰宅したとき」という過去の一時点におけ
る進行中の動作を表すよう，過去進行形（was[were] Ving）を使うのが正解です。

問3：日本文に合う英文になるように選択肢の語を並べ替え，空所に入るものを選べ。

□**24** 試験を受けた後で，私は何か他のことをする必要があることに気づいた。
（1語不要）

After I had taken the examination ＿＿ ＿＿ [24] ＿＿ ＿＿
[25] ＿＿．

① do ② I knew ③ that ④ to
⑤ anything ⑥ I needed ⑦ something ⑧ else

〔名城大（商）〈改〉〕

□**25** 彼女は答えの見当がつかなかったが，どうしても諦めなかった。

She did not ＿＿ ＿＿，＿＿ ＿＿ [26] ＿＿ [27] ＿＿．
① give ② but ③ she ④ the answer
⑤ guess ⑥ would ⑦ up ⑧ not

〔松阪大（政経）〕

□**26** 「なぜ歩いたんだ。私の車に乗ることができたのに。」

"Why did you walk? ＿＿ [28] ＿＿ [29] ＿＿．"
① taken ② could ③ my car ④ have
⑤ you

〔駒澤大（経−経）〕

□**27** 友人を選ぶのに慎重すぎることはありません。

You ＿＿ ＿＿ [30] ＿＿ [31] ＿＿ ＿＿ friends.
① your ② in ③ too ④ choosing
⑤ careful ⑥ be ⑦ cannot

〔東海大（工）〕

□**28** 辞書をお借りしてもいいでしょうか。

＿＿ [32] ＿＿ [33] ＿＿ ＿＿ your dictionary?
① I ② you ③ borrowed ④ would
⑤ mind ⑥ if

〔京都学園大〕

答24 After I had taken the examination I knew that I needed to do something else.

24 ⇒ ⑥　25 ⇒ ⑦　(2-3-**6**-4-1-**7**-8)　不要＝⑤ anything

▶「試験を受けた」のは「私が気づいた」よりも前の出来事なので，過去完了形の had V_{pp} が使われています。さらに主節の過去形の knew に合わせて，that 節内でも過去形の needed を使います。このように，主節と従節では時制を一致させるルールがあります。

答25 She did not guess the answer, but she would not give up.

26 ⇒ ⑥　27 ⇒ ①　(5-4-2-3-**6**-8-1-7)

⚠ ▶過去における強い拒絶の意志を表すには，**would not [wouldn't] V**（どうしても V しようとしなかった）という表現を使います。また，現在における強い拒絶の意志を表すには，**will not [won't] V**（どうしても V しようとしない）という表現を使います。

答26 "Why did you walk? You could have taken my car."

28 ⇒ ②　29 ⇒ ①　(5-**2**-4-**1**-3)

▶「V できただろうに」という，過去への非難や後悔を表す場合には，**could have V_{pp}** という表現を使います。「もしあなたがその気になれば」という意味の条件節が省略された仮定法過去完了の形と見ることもできます。

答27 You cannot be too careful in choosing your friends.

30 ⇒ ③　31 ⇒ ②　(7-6-**3**-5-**2**-4-1)

▶この文の直訳は，「君は友人を選ぶ際に注意深くなりすぎることはできない」です。cannot V too ... は，「どんなに…に V してもしすぎではない」の意味を表す重要表現なので，しっかり覚えておきましょう。

答28 Would you mind if I borrowed your dictionary?

32 ⇒ ②　33 ⇒ ⑥　(4-**2**-5-**6**-1-3)

▶ Would you V ? の形は，相手の意向を尋ねたり依頼をしたりするときに使います。mind は「気にする，いやがる」の意味なので，この文の直訳は「もし私があなたの辞書を使ったならおいやでしょうか。」となります。そのため，この質問に肯定的に「いいよ」と答える際は，"No I wouldn't." で「気にしないよ，構わないよ。」という答え方になります。

REVIEW

このレッスンの問題ではさまざまな時制や助動詞が登場しました。理解できていないと感じた部分は，その項目をもう一度復習してくださいね。また，問題を解いた後には付属の音声を活用し，発音をまねしながら何度も英文を声に出して練習してみましょう。本書１冊分の英文をすべてマスターするつもりで最後まで進めてみましょう。

不定詞・動名詞

🔊 LV4 Lesson02

動詞の形を変えて，他の品詞の働きをさせる「準動詞」には，不定詞・動名詞・分詞・分詞構文があります。これらは頻出ですので，ガッチリ押さえましょう。

1 原形不定詞

> 問　I want you ☐ what time will be convenient for you.
> ① let me know　　　　　② let me to know
> ③ to let me know　　　　④ to let me to know
>
> 〔東海大〕

　I want you to come here. のように，「動詞＋目的語＋ to V」という形をとる動詞はとても多くあります。ただ例外として，let のように「動詞＋目的語＋原形動詞［原形不定詞］」の形をとる動詞もあります。代表的なものとしては make, let, have, 知覚を表す動詞（see, hear など）が挙げられます。原形不定詞をとる動詞は限られているので，正確に覚えておきましょう。

　ただし，make や see, hear といった動詞が受動態をとる場合には，動詞の原形ではなく **to 不定詞が使われる**ので注意しましょう。

　答⇒③（訳：あなたがいつ都合がいいのか，私に教えてほしい。）

● 原形不定詞をとる動詞 ●

☐ **let ～ V**　　　　　　　＝～に V させてやる（許可）
　例 Let me introduce myself.
　（自己紹介させてください。）

・・

☐ **make ～ V**　　　　　　＝～に V させる（強制）
　例 She makes her children clean their rooms every Sunday.
　（彼女は毎週日曜日，子どもたちに部屋の掃除をさせる。）

・・

☐ **have ～ V**　　　　　　＝～に V させる［してもらう］（強制，依頼）
　例 I had the waiter refill my coffee.
　（私はウェイターにコーヒーのおかわりを注いでもらった。）
　※上下関係がある場合や，お金を支払ってサービスを受ける場合など，権利があって
　（当然）させる［してもらう］という場合に使われる。

□ **知覚動詞 〜 V**　　　　　　＝〜が V するのを見る，聞く，感じる

　例 She hears the birds sing.
　（彼女は鳥が歌うのを聞く。）

□ **help 〜 (to) V**　　　　　　＝〜が V するのを助ける

　例 My brother helps me study for the exam.
　（兄は私の試験勉強を手伝ってくれる。）

※受動態では **make** や知覚動詞，**help** の後ろは **to** 不定詞になる。

　例 He was seen to leave the building just after midnight.
　（彼は夜の 12 時のすぐ後に建物を出るのを見られた。）

　なお，get の場合は後ろに動詞の原形をとらず to 不定詞をとるので気をつけましょう。また，help は目的語の後ろに to 不定詞と動詞の原形のどちらも置くことができます。通常 let や have を受動態にすることはありません。

2 結果の不定詞

問　目覚めると見慣れない部屋にいた。

I awoke ＿＿＿ ＿＿＿ ＿＿＿ ＿＿＿ ＿＿＿ ＿＿＿ ＿＿＿ .

① myself　　② in　　③ room　　④ a

⑤ find　　⑥ to　　⑦ strange

〔摂南大（経営情報）〕

　不定詞の副詞的用法は，目的や理由だけでなく，さまざまな意味で使うことができます。中でも特に注意すべきなのが，結果（‥‥ そして V する）を表す用法。ただ，結果の不定詞を使うパターンは限られているので，熟語として覚えておけば，問題を解くのがずっと楽になります。この問題でも，**awake to find .....（目が覚めると ‥‥ だと気づく）**という形さえ見抜ければ，後は簡単に文を組み立てることができます。

　なお，「結果」を表す不定詞は，問題文のように思いがけない結果を表す際によく使われます。

答 ⇒ 6-5-1-2-4-7-3

　　（I awoke to find myself in a strange room.）

─────● 結果の不定詞 ●─────

☐ ..... never to **V**　　　=････その後 V することはなかった

　例 He left his hometown, never to go back.
　　（彼は故郷を去り，そして二度と戻らなかった。）

┄┄┄┄┄┄┄┄┄┄┄┄┄┄┄┄┄┄┄┄┄┄┄┄┄

☐ ..... only to **V**　　　=････結局 V しただけだった

　例 I hurried to the bus stop, only to miss the bus.
　　（私は急いでバス停に向かったが，結局間に合わなかった。）

3 動名詞を使った慣用表現

問　There is no ☐☐☐☐ for tastes.

　　① account　　② accounts　　③ to account　　④ accounting

〔流通経大（経−経）〕

　There is no V**ing**（V **することはできない**）は，動名詞を使った慣用表現で，It is impossible to **V** と書き換えることができます。このような動名詞に関する慣用表現は，頻出ですが数が限られているので，熟語としてきちんと確認し，暗記しておきましょう。

　答⇒④（訳：人の好みを説明することはできない。［蓼食う虫も好きずき。］）

─────● 動名詞の慣用表現 ●─────

☐ feel like V**ing**　　　= V したい気がする

　I feel like eating spaghetti for dinner.
　　（夕食にスパゲティを食べたい気がする。）

┄┄┄┄┄┄┄┄┄┄┄┄┄┄┄┄┄┄┄┄┄┄┄┄┄

☐ It is no use[good] V**ing**　= V しても無駄である

　It is no use crying over spilt milk.
　　（こぼれた牛乳に泣いても無駄である。［覆水盆に返らず。］）

┄┄┄┄┄┄┄┄┄┄┄┄┄┄┄┄┄┄┄┄┄┄┄┄┄

☐ cannot help V**ing**　　= V せざるをえない

　= cannot (help) but **V**

　例 I cannot help laughing at his jokes.
　　（彼のジョークに笑わずにはいられない。）

┄┄┄┄┄┄┄┄┄┄┄┄┄┄┄┄┄┄┄┄┄┄┄┄┄

□ for the purpose of Ving ＝Ｖする目的で

= with a view to Ving

例 I'm saving money for the purpose of traveling abroad.
（私は海外旅行するためにお金をためている。）

最後に，不定詞と動名詞の使い分けを確認しておきましょう。

● 不定詞と動名詞の使い分け ●

①不定詞と動名詞の両方をとるが，意味がそれぞれ異なる

□ remember to V ＝忘れずにＶする

例 Did you remember to lock your room?
（部屋の鍵を忘れずにかけましたか？）

□ remember Ving ＝Ｖしたのを覚えている

例 I remember eating at this restaurant three months ago.
（３カ月前にこのレストランで食事をしたのを覚えている。）

②動名詞のみをとる

□ give up Ving ＝Ｖすることをやめる

例 He gave up trying to fix his broken television.
（彼は故障したテレビを修理しようとすることをやめた。）

□ finish Ving ＝Ｖし終える

例 Mr. Smith finished reading the novel last night.
（スミスさんは昨夜その小説を読み終えた。）

③不定詞のみをとる

□ offer to V ＝Ｖしようと申し出る

例 I offered to take care of my friend's pet while he is away.
（友達が留守の間，彼のペットの世話をしようと申し出た。）

□ expect to V ＝Ｖするのを期待する

例 Mary expects to meet her favorite musician at the concert.
（メアリーはコンサートでお気に入りのミュージシャンに会えるのを期待している。）

□ enable to V ＝Ｖするのを可能にする

例 This new system enables you to buy clothes easily.
（この新しいシステムは簡単に服を購入するのを可能にする。）

問 1：次の英文の空所に入れるのに最も適当なものを選べ。

難 ☐ **1** I don't know 　1　 with these books. Please tell me where to put them.

① what to do　　　　　　② where to be done

③ how to do　　　　　　④ how come

〔流通科学大（商）〕

☐ **2** Bill never fails 　2　 a birthday present to his mother.

① for sending　　　　　② of sending

③ to send　　　　　　　④ send

〔京都外語大（英米）〕

頻出 ☐ **3** He went to the seaside 　3　 be drowned.

① as to　　　　　　　　② in order to

③ not to　　　　　　　　④ only to

〔国士舘大（政経－経）〕

☐ **4** It is necessary 　4　 his advice.

① you following　　　　② your following

③ of you to follow　　　④ for you to follow

〔京都産業大（経営）〕

☐ **5** Remember 　5　 this letter when you go out.

① mailing　　　　　　　② having mailed

③ to have mailed　　　　④ to mail

〔愛知学院大（文・商・経営・法）〕

☐ **6** I liked his new house, but I hadn't expected it 　6　 so small.

① be　　　　　　　　　② of being

③ to be　　　　　　　　④ to being

〔センター試験〕

答1 これらの本をどうすればいいのかわかりません。どこに置けばいいのか教えてください。

　　　1 ⇒① what to do

⚠ ▶「疑問詞＋不定詞」は名詞句，つまり名詞のかたまりを作ることができます。「〜をどうするか」という意味を表現するには，how ではなく what という疑問詞を使って，**what to do with 〜** という形にすることに注意しましょう。

答2 ビルは必ず母親に誕生日の贈り物をする。

　　　2 ⇒③ to send

　　▶ **never fail to V** は，「**必ず［常に］V する**」という意味の熟語表現で，習慣的な行動を表します。**be sure to V** も「**必ず V する（だろう）**」と訳しますが，こちらは未来の事柄についての確信を表す言い方です。

答3 彼は海岸に行ったが結局おぼれただけだった。

　　　3 ⇒④ only to

　　▶ **..... only to V** は，「**..... 結局 V しただけだった**」という意味で，結果の不定詞を使った慣用表現。似たような表現に，**..... never to V**（**..... その後 V することはなかった**）があります。

答4 あなたは彼の助言に従うことが必要だ。

　　　4 ⇒④ for you to follow

　▶不定詞の意味上の主語は，不定詞の前に for 〜 を置いて表すことができます。この文は，形式主語の it が名詞的用法の不定詞を指している形式主語構文。follow の「（指示や助言）に従う」という意味も忘れずに覚えておきましょう。

答5 外出するときにこの手紙を出すのを忘れないで。

　　　5 ⇒④ to mail

　　▶ **remember to V** は「これから V するのを覚えている」，つまり「**忘れずに V する**」という意味で，**remember Ving** は「**過去に V したのを覚えている**」という意味です。ここでは，「手紙を出す」のは未来のことなので，不定詞を用いた④ to mail を選びましょう。

答6 私は彼の新しい家が気に入ったが，あんなに小さいとは思っていなかった。

　　　6 ⇒③ to be

　　▶ expect という動詞は，**expect 〜 to V**（**〜が V するのを期待する**）という不定詞を使った形をとります。この to の後ろには原形動詞を置くので，ここでは be 動詞の原形 be を使った③ to be を選べばいいのです。

☐ 7 He called and thanked me for offering ☐7☐ him translate the letter.

① helping   ② to help
③ having helped   ④ to have helped

〔京都産業大（理）〕

◆☐ 8 Children are to be taught ☐8☐ lies.

① not to tell   ② to not tell
③ not tell   ④ don't tell

〔朝日大（経営）〕

☐ 9 I'm tired. I wish I could get someone ☐9☐ me home.

① drive   ② to drive
③ drove   ④ driven

〔英検2級〕

☐ 10 The teacher encouraged us ☐10☐ mathematics harder.

① to studying   ② study
③ studying   ④ to study

〔桃山学院大〕

[頻出] ☐ 11 "Doesn't this climate bother you?" "A little, but after a while one gets used ☐11☐ hot."

① be   ② for being
③ to be   ④ to being

〔センター試験（追）〕

☐ 12 Would you mind ☐12☐ the door for me?

① my opening   ② to open
③ opening   ④ yourself to open

〔日本工大（機械・電気）〕

答7 彼は私を呼び，その手紙を翻訳するのを手伝うと申し出たことで私に礼を言った。

　　　7 ⇒② to help

　　▶ offer という動詞は，**offer to V**（**V しようと申し出る**）という形で不定詞を目的語にとります。また，**offer A B**（**A に B を申し出る**）という第4文型の形でも使われることに注意しましょう。

答8 子どもたちはうそをついてはいけないと教えられるべきである。

　　　8 ⇒① not to tell

　　▶ **teach ～ to V**（**～に V するよう教える**）という不定詞の構文の受動態で，**～ be taught to V**（**～は V するよう教えられる**）という形が使われています。また，予定，運命，義務，可能，意志を表す be to V の構文が使われていることにも注意しましょう。ここでは，義務（V すべきだ）の用法で使われています。

答9 私は疲れた。私は誰かに車で家に乗せていってもらいたい。

　　　9 ⇒② to drive

　　⚠ ▶ **get ～ to V** は「**～に V させる［してもらう］**」の意味で，**have ～ V** に書き換えられます。意味の上では使役動詞の make や have に似ていますが，後ろに to V を置く点に注意しましょう。

答10 先生は私たちがもっと一生懸命数学を勉強するように励ました。

　　　10 ⇒④ to study

　　▶ encourage という動詞は，**encourage ～ to V**（**～に V するよう奨励する**）という不定詞の構文をとります。このような構文では，目的語と不定詞の間に主語と述語の関係が成立することに注意しましょう。

答11 「この気候はいやではありませんか。」「少しいやです。でも，しばらく経つと暑いのにも慣れます。」

　　　11 ⇒④ to being

　　▶ **get[be] used to Ving** は「**V するのに慣れる［慣れている］**」という意味の，動名詞を用いた慣用表現。この to は前置詞なので，不定詞の to と混同しないように注意しましょう。

答12 私のためにドアを開けていただけないでしょうか。

　　　12 ⇒③ opening

　　きそ ▶ **Would[Do] you mind Ving ?** は「**V するのはいやですか。**」，つまり「**V していただけませんか。**」という意味の会話表現。① my opening だと，自分のために自分がドアを開けることになり間違い。この構文に「**はい，いいですよ。**」と応える場合には，**No, not at all. / No, of course not. / Certainly not.**（いいえ，いやではありません。）という否定の表現を使うのが一般的です。

☐ **13** She massaged her leg until it stopped ☐13☐ .

① hurting   ② being hurt

③ to hurt   ④ hurt

〔日本大（文理－人文）〕

☐ **14** This novel is worth ☐14☐ .

① read   ② reading

③ to read   ④ to be read

〔中京大〕

◆難 ☐ **15** The brakes need ☐15☐ .

① adjusted   ② adjusting

③ be adjusted   ④ to adjust

〔別府大〕

☐ **16** I cannot help ☐16☐ that you made a mistake.

① feel   ② to feel

③ feeling   ④ felt

〔大阪産業大（経営）〕

頻出 ☐ **17** I am looking forward to ☐17☐ you on Sunday.

① have   ② see

③ seeing   ④ have seen

〔京都産業大（経営）〕

☐ **18** My mother complains of ☐18☐ too lazy.

① me to be   ② my being

③ I am   ④ I being

〔横浜市立大〕

答13 彼女は痛みが治まるまで足をマッサージした。

　　　13 ⇒ ① hurting

　　　▶ **stop** Ving は，他動詞＋動名詞で「**V するのをやめる**」という意味。また，**stop to V** は，自動詞＋不定詞の副詞的用法で「**止まって V する**」という意味。ここでは，「痛みが止まる」わけなので，① hurting という動名詞を選びましょう。このように，stop to V は次に行う行為に焦点を当てた表現で，stop Ving はこれまで行っていた行為や状態に焦点を当てた表現になっています。

答14 この小説は読む価値がある。

　　　14 ⇒ ② reading

　　　▶ **be worth** Ving は「**V する価値がある**」という意味の，動名詞を使った重要表現。worth（価値がある）という単語は，前置詞のように後ろに名詞や動名詞を置いて使います。

答15 ブレーキを調整する必要がある。

　　　15 ⇒ ② adjusting

　　　▶ **need** Ving は「**V される必要がある**」という意味の，動名詞を用いた重要表現。Ving が受動的な意味になることに注意しましょう。また，**want** Ving や **need to be V**pp にも書き換えることができます。

答16 私はあなたが間違えたのだと思わずにはいられない。

　　　16 ⇒ ③ feeling

　きそ ▶ **cannot help** Ving は，「**V せざるをえない**」という意味の重要表現。**cannot help but V** にも書き換えることができます。これらの表現では，**help** は「**避ける**」，**but** は「**～を除いて**」という意味で使われています。

答17 私は日曜日にあなたとお会いするのを楽しみにしています。

　　　17 ⇒ ③ seeing

　　　▶ **look forward to** Ving（**V するのを楽しみに待つ**）という熟語では，to が前置詞で後ろに動名詞が続いていることに注意。不定詞と混同しないようにしましょう。

答18 私の母は私が怠けすぎていると不平を言う。

　　　18 ⇒ ② my being

　⚠ ▶ **complain of ～** は，「**～について不平を言う**」という意味の熟語。前置詞の後ろには普通，不定詞ではなく動名詞を置くことに注意しましょう。この文では，動名詞の意味上の主語が所有格（my）で示されており，my being too lazy で「私が怠けすぎていること」の意味を表します。

頻出 ☐ 19 The doctor told Steve to give up 19 .

  ① smoker   ② smoking

  ③ to have a smoke   ④ to smoke

〔中部大（工）〕

難 ☐ 20 He hates 20 his first name.

  ① calling   ② to call by

  ③ to be calling by   ④ being called by

〔梅花女大〕

問 2：次の英文の下線部のうち，誤った英語表現を含む番号を選べ。

☐ 21 ①Years of constant practice has ②enabled me ③keeping accounts without ④much difficulty.

誤り＝ 21   〔獨協大（外）〈改〉〕

☐ 22 My counselor ①suggested that they make the professor ②to change my grade ③since I was sick ④the day of the exam.

誤り＝ 22   〔福岡大（工・薬）〈改〉〕

☐ 23 ①To tell the truth, the questions were ②too difficult ③for any of us to answer ④them.

誤り＝ 23   〔流通経済大（経済）〕

答19 医者はスティーブに喫煙をやめるように言った。

19 ⇒ ② smoking

▶ give up は，必ず動名詞を目的語にとる他動詞なので，ここでは動名詞の②
smoking を答えにしましょう。

答20 彼は名前で呼ばれるのをいやがる。

20 ⇒ ④ being called by

▶主語の「彼」は「名前で呼ばれる」のが嫌いなわけですから，受動態の動名詞を
使った④ being called by を選びましょう。**call ～ by ～'s first name** は，「**～を名
前で呼ぶ**」という意味の熟語。hate は不定詞と動名詞の両方を目的語にとれるの
で，He hates to be called by his first name. と言い換えることもできます。

答21 何年もの間，絶えず練習してきたので，私はそれほど難なく簿記をつける
ことができるようになった。

21 ⇒ ③ keeping → to keep

きそ ▶ enable という動詞は，**enable ～ to V（～がVするのを可能にする）** という形
で，目的語の後ろに不定詞をとります。このような形の構文では，目的語と不定
詞の間に主語と述語の関係が成立することにも注意しておきましょう。

答22 私のカウンセラーは，私は試験の日に病気だったので教授に私の成績を変
えさせるようにと提案した。

22 ⇒ ② to change → change

⚠ ▶ make, have, let などの使役動詞，または知覚動詞は目的語＋原形不定詞の形
をとります。ここでは，make という使役動詞が使われているので，② to change
を change に訂正しましょう。

答23 実を言うと，その問題は難しすぎて私たちのうち誰も答えられなかった。

23 ⇒ ④ them → 削除

▶ too ... (for ～) to V で「…すぎて（～には）Vできない」の意味を表します。こ
の表現では主語が to V の目的語の働きを兼ねているため，to V の後ろに目的語を
置いてはいけないことに注意しましょう。

問3：日本文に合う英文になるように選択肢の語を並べ替え，空所に入るものを選べ。

☐ **24** 彼女が試験に合格する可能性はあまりない。(1語不要)

There isn't ＿＿＿ ＿＿＿ 24 ＿＿＿ 25 the examination.

① passing　② of　③ much　④ probable

⑤ her　⑥ possibility

〔千葉工大〕

◆難 ☐ **25** もしあなたがそれを常用しないのなら，そんなに高い辞書を買っても無駄だ。

Unless you're going to use it regularly, ＿＿＿ 26 ＿＿＿ 27

＿＿＿ ＿＿＿ ＿＿＿ .

① an　② buying　③ it's　④ no

⑤ use　⑥ such　⑦ expensive dictionary

〔センター試験(追)〕

☐ **26** 私は95便に乗り遅れないように急いだ。(1語不要)

I hurried ＿＿＿ ＿＿＿ 28 ＿＿＿ 29 Flight 95.

① catch　② in　③ miss　④ not

⑤ order　⑥ to

〔摂南大(工)〕

☐ **27** 彼は，夏に過ごす別荘を建てるためにその土地を買った。

He bought the ＿＿＿ 30 ＿＿＿ ＿＿＿ 31 ＿＿＿ a summer

home there.

① building　② a　③ land　④ to

⑤ with　⑥ view

〔関東学院大(経－経)〕

☐ **28** 雨が降りそうなので泳ぎに行きたくない。

As it looks like rain, I ＿＿＿ ＿＿＿ 32 ＿＿＿ 33 .

① like　② going　③ don't　④ swimming

⑤ feel

〔拓殖大(政経)〕

答24 There isn't much possibility **of** her **passing** the examination.

⟨24⟩⇒② ⟨25⟩⇒① (3-6-**2**-5-**1**) 不要＝④ probable

▶「彼女が合格することの可能性」と考えて，「彼女が」にあたる意味上の主語を her（所有格または目的格）で表し，その後ろに動名詞の passing を置きます。この文は，There isn't much possibility that she will pass the examination. とも書き換えられます。

答25 Unless you're going to use it regularly, it's **no** use **buying** such an expensive dictionary.

⟨26⟩⇒④ ⟨27⟩⇒② (3-**4**-5-**2**-6-1-7)

▶ **it is no use** Ving は「**V しても無駄である**」という意味の，動名詞を用いた慣用表現。これは，形式主語の it が動名詞を指す特殊な例です。

答26 I hurried in order **not to miss** Flight 95.

⟨28⟩⇒④ ⟨29⟩⇒③ (2-5-**4**-6-**3**) 不要＝① catch

▶ **in order to V** は，「**V する目的で**」という意味を表す重要熟語。この熟語は，**so as to V** や，前置詞＋動名詞 の形を用いる **with a view to** Ving, **for the purpose of** Ving にも書き換えられます。ここでは，不定詞の否定の形 not to V が使われて，in order not to V となっていることに注意しましょう。

答27 He bought the land **with** a view **to** building a summer home there.

⟨30⟩⇒⑤ ⟨31⟩⇒④ (3-**5**-2-6-**4**-1)

きそ ▶ **with a view to** Ving は「**V する目的で**」という意味の重要熟語。前置詞＋動名詞 の形が用いられていることに注意しましょう。この熟語は，**for the purpose of** Ving, **in order to V**, **so as to V** にも書き換えられます。

答28 As it looks like rain, I don't feel **like** going **swimming**.

⟨32⟩⇒① ⟨33⟩⇒④ (3-5-**1**-2-**4**)

▶ **feel like** Ving は「**V したい**」の意味で，しばしば否定文中で使われます。「泳ぎに行く」は go swimming。feel like Ving の Ving の位置に go swimming が入るので，feel like going swimming と Ving の形が連続しますが，これで問題ありません。

REVIEW

原形不定詞をとる動詞は覚えられましたか？　let, make, have といった使役動詞は使いこなせるようになるととても便利です。英語の歌やドラマ，映画の中でも非常によく登場するので，着目してみると良いでしょう。英語のコンテンツの中で学習した文法事項を発見して理解できるようになったことを体感するのも，英語学習の楽しみの１つですよ。

03 分詞・分詞構文

> 分詞の問題を解くうえで最も重要なのが，意味上の主語，つまり判断の基準になる名詞が「する（能動）」のか「される（受動）」のかを見抜くことです。能動や進行の意味を持つ場合には Ving（現在分詞），受動や完了の意味を持つ場合には V_{pp}（過去分詞）が使われます。

1 知覚動詞 ＋ O ＋ Ving[Vpp]

問 We often hear it ☐ that a child can easily adjust to changes in its environment.

① said ② saying ③ say ④ to say

〔学習院大（文）〕

　hear や see などの知覚動詞の後ろには目的語＋原形不定詞の形だけではなく，目的語＋ Ving（現在分詞），もしくは目的語＋ V_{pp}（過去分詞）の分詞を使った形もとることができます。この分詞が Ving になるか V_{pp} になるかは，意味上の主語である目的語を基準にして判断しましょう。目的語が「する」という**能動の意味**を持っているのなら Ving，「される」という**受動の意味**を持っているのならば V_{pp} を選べばいいということです。また，知覚動詞＋ O ＋ V の場合は，動作の始まりから終わりまでのすべてを，知覚動詞＋ O ＋ Ving の場合は，その動作の途中の一時点のみを知覚するという意味合いの違いがあります。

　ここでは，hear の後ろの it は形式目的語で，that 以下の内容を指しています。that 以下の内容は「言われる」方ですので，受動の意味を持つ① said が正解です。

　答⇒①（訳：私たちは子どもがその環境の変化に簡単に順応できると言われていることをしばしば耳にする。）

●━━━ 代表的な分詞を伴うことのできる知覚動詞 ━━━●

☐ see O Ving[V_{pp}]　　　　＝ O が V している [される] のが見える

例 I see the cat sleeping on the bed.
（ベッドで寝ている猫が見える。）

☐ hear O Ving[V_{pp}]　　　　＝ O が V している [される] のが聞こえる

例 I heard the news announced in the waiting room.
（待合室でニュースがアナウンスされたのを聞いた。）

☐ feel O Ving[V_{pp}]　　　　＝ O が V している [される] のを感じる

例 Jane felt the sun warming her skin.
（ジェーンは太陽の光が肌を温めているのを感じた。）

2 make oneself Vpp

問 The boy screamed for help but couldn't ☐ .

① hear him　　　　　　② make him heard

③ make himself hear　　④ make himself heard

〔センター試験（追）〕

　make oneself heard で「〔oneself（自分自身）＝聞かれている状態〕にする」
と考えることができ，「自分の言っていることを聞いてもらう」という熟語に
なります。ここでは，その少年がしようとしたことは，助けを求めて叫ん
で，自分自身（の声）を辺りにいる人に聞いてもらうことです。自分自身（の
声）は，辺りにいる人によって「聞かれる」方なので，④ make himself heard
を選びましょう。

　答⇒④（訳：その少年は助けを求めて叫んだが，声は届かなかった。）

> 問　□□□□ there before, Jim knew what to see.
>
> ① Being　　② Been　　③ Having been　　④ Be
>
> 〔慶大（環境情報）〕

　一般的な分詞構文では，分詞構文の時制と主文の時制は，原則的には同じという決まりがあります。分詞構文の時制が主文の時制よりも前だった場合には，分詞構文を **having V$_{pp}$** の形にすればいいのです。ここでは，「ジムは何を見るかわかっていた」よりも「以前そこに行ったことがある」方が前の時制になるので，having V$_{pp}$ の形にあてはまる③ Having been を選びましょう。

　答⇒③（訳：ジムは以前にそこに行ったことがあるので，何を見るかわかっていた。）

4 能動分詞構文と受動分詞構文

　分詞構文には，現在分詞形 Ving の能動分詞構文と過去分詞形 **V$_{pp}$** の受動分詞構文があります。主文の主語が基準となり「〜する，している」と言う場合や，進行の意味がある場合には Ving，「〜される，された」という受動の意味がある場合には，V$_{pp}$ が分詞構文として使われます。ただ，日本語と大きなズレがあるために，勘違いしてしまいがちな構文でもあります。問題を解いたり，英文を書いたりするときには，日本語からの連想ではなく，英語の論理関係をしっかりと考えるようにしましょう。

　例えば「ここから見ると，あの山は犬に見える。」という文を英語に訳すと Seen from here, the mountain looks like a dog. のようになります。日本語では「見ると」という能動のような訳になるのですが，主文の主語の山は見る方ではなく，**見られる**方ですから，主文の主語の the mountain を基準にして，ここでは**過去分詞形 seen** を使わなければなりません。このように，常に**主文の主語を基準として「する」のか「される」のかを考える**と，分詞構文でVing と V$_{pp}$ のどちらを使うのかが見抜きやすくなります。

問 ⬚ at the party, I noticed an old school friend I hadn't met for years.
① Arrived   ② Arriving
③ Had I arrived   ④ To be arriving

〔立命館大学（全学部）〕

　主文の主語の I に着目します。私はパーティーに「到着する」方なので，-ing 形の② Arriving が正解。

　答⇒②（訳：パーティーに到着すると，私は何年も会っていなかった旧友に気がついた。）

問 ⬚ in many dishes, garlic adds a unique flavor.
① Use   ② Using   ③ Used   ④ Be using

　こちらも主文の主語の garlic に着目します。ニンニクは料理に「使用される」方なので，過去分詞形の③ Used が正解。ここでは，日本語訳も「料理に使用される」と受動的な訳し方をしているのでイメージがつきやすいですが，先ほどの説明にあった Seen from here のように，過去分詞形を使うにもかかわらず，日本語では「見ると」のように訳されることもあるのが分詞構文です。日本語訳から分詞の形を考えるのではなく，あくまでも主文の主語が「する」のか，「される」のかという点に着目して考えましょう。

　答⇒③（訳：多くの料理に使用されるニンニクは，独特の風味を加えます。）

問1：次の英文の空所に入れるのに最も適当なものを選べ。

□ 1 "Have you sent the manager's letter?" "No, not yet. I must have it ⬚ 1 ⬚ first."

① be signed   ② his signature

③ sign   ④ signed

〔センター試験（追）〕

□ 2 Susan needs the work ⬚ 2 ⬚ before April 1.

① done   ② do

③ be done   ④ be doing

〔同志社大（工）〕

頻出 □ 3 My ten-year-old son finds all the classes at school ⬚ 3 ⬚ .

① are interested   ② interested

③ interesting   ④ to interest

〔京都産業大（経・理・工・外）〕

頻出 □ 4 He was lost in thought with his eyes ⬚ 4 ⬚ .

① close   ② closed

③ closing   ④ to close

〔千葉商大（経）〕

□ 5 I heard my name ⬚ 5 ⬚ .

① call   ② calling

③ called   ④ to call

〔桜美林大（経−経）〕

□ 6 "Those ceramic vases are interesting." "We saw ⬚ 6 ⬚ at the art fair."

① they made   ② making them

③ them made   ④ make them

〔亜細亜大（経営）〕

答1　「支配人の手紙を送りましたか。」「いいえ，まだです。まず署名してもらわなければなりません。」

　　　　1 ⇒ ④ signed

　　　　▶ **have ～ V** は，「～に V させる［してもらう］」という意味になり，目的語と原形不定詞の間には能動的な関係が成り立ちます。また，**have ～ V$_{pp}$** は「～を V される［してもらう］」という意味になり，受動的な関係が成り立ちます。ここでは，「it が署名される」という受動的な関係があるので，④ signed を選びましょう。

答2　スーザンは，4月1日までに仕事を終わらせる必要がある。

　　　　2 ⇒ ① done

　　　　▶ 他動詞＋目的語の後ろに，現在分詞が続くか過去分詞が続くかを決定するときは，目的語を基準にして能動的か受動的かで判断すること。ここでは，仕事は「終える」のではなく「終えられる」方なので，① done が正解です。

答3　私の 10 歳の息子は，学校の授業がどれも面白いとわかる。

　　　　3 ⇒ ③ interesting

　　　　▶ 第5文型の **C** の部分が，現在分詞か過去分詞かを選択する問題では，**O** を基準にして能動的か受動的かで判断すること。ここでは，授業は「興味を持たせる」方なので，③ interesting が正解。**interest** という動詞は，「興味を持たせる」という意味であることにも注意しましょう。

答4　彼は目を閉じて，物思いにふけった。

　　　　4 ⇒ ② closed

　　　　▶ 付帯状況の with を使った構文で，with ＋名詞の後ろに現在分詞が続くか過去分詞が続くかは，名詞を基準にして決定しましょう。ここでは，目は「閉じる」のではなく「閉じられる」方なので，② closed を選びましょう。

答5　私は，自分の名前が呼ばれるのを聞いた。

　　　　5 ⇒ ③ called

　　　　▶ hear や see などの知覚動詞の後ろで，目的語が「する」という能動的な関係がある場合は，原形不定詞や現在分詞を使います。また，目的語が「される」という受動的な関係がある場合には，過去分詞が使われます。ここでは，「名前が呼ばれる」という受動的な関係があるので，過去分詞の③ called が正解です。

答6　「あれらの陶器の花瓶は興味深いね。」「私たちはそれらが作られるところを美術展で見たよ。」

　　　　6 ⇒ ③ them made

　　　　▶ ここでは，them が指している花瓶は「作られる」方なので，受動的な関係を持つ目的語＋過去分詞の③ them made を選びましょう。**see ～ V$_{pp}$** は，「～が V されるのを見る」という意味です。

7 I must get this homework 　7　 before eight.

① finish ② finishing
③ finished ④ be finished

〔和洋女子大（英文）〕

難 **8** The noise of heavy traffic was such that the policeman couldn't make himself 　8　 .

① hear ② heard
③ hearing ④ to hear

〔京都産業大（経・理・工）〕

9 He looked 　9　 with his new motorcycle.

① please ② pleased
③ pleases ④ to please

〔東海大（政経）〕

10 There were already six people 　10　 at the conference table when I entered the room.

① having sat ② sitting
③ being sitting ④ to sit

〔駒澤大（文）〕

難 **11** The hostess, 　11　 at the end of the table, was all smiles.

① having seated ② sat
③ seating ④ seated

〔聖学院大（政経）〕

12 I want this luggage 　12　 to my room at once.

① take ② to take
③ taken ④ taking

〔獨協大（外）〕

Answers

答7 私は8時までにこの宿題を終わらせなければならない。

7 ⇒ ③ finished

きそ ▶ **get ～ to V** は、「～に V させる[してもらう]」という意味になり、目的語と不定詞の間に能動的な関係が成立します。また、**get ～ V_{pp}** は、「～を V される[してしまう]」という意味になり、受動的な関係が成立します。宿題は「終えられる」という受動的な関係があるので、過去分詞の③ finished が正解。

答8 激しい交通による騒音がとてもひどかったので、警察官は自分の声を相手に聞かせることができなかった。

8 ⇒ ② heard

⚠ ▶ **make O C（O を C にする）** のような第5文型の C の形を決定する場合は O を基準にします。ここでは、自分の声は相手によって「聞かれる」という受動的な関係を捉えて、過去分詞の② heard を選びましょう。**make oneself heard** は「自分の言っていることを聞いてもらう」という意味です。

答9 彼は新しいオートバイに満足しているように見えた。

9 ⇒ ② pleased

▶ **look C** は、「C に見える」という第2文型をとる表現。主語を基準にして、C の部分が現在分詞か過去分詞かを選びましょう。ここでは、彼は「喜ばされる」という受動的な関係が成り立つので、過去分詞の② pleased が正解。**please** という動詞は、「喜ばせる」という意味であることにも注意しましょう。

答10 私が部屋に入ったとき、すでに6人が会議のテーブルに着いていた。

10 ⇒ ② sitting

▶「V している」という進行能動の意味で名詞を修飾するには、現在分詞を使います。ここでは、「座っている人々」というように② sitting が people という名詞を修飾しています。

答11 その女主人は、テーブルのはじに座っていたのだが、満面の笑みを浮かべていた。

11 ⇒ ④ seated

▶ **seat** は「座らせる」という意味の動詞。主文の主語の The hostess は「座らせられていた」という受動的な関係が成り立つので、受動分詞構文の④ seated が正解。**be seated = sit** と覚えておきましょう。

答12 この荷物をすぐに私の部屋に持っていってもらいたい。

12 ⇒ ③ taken

▶ 他動詞＋目的語 の後ろに、現在分詞が続くか過去分詞が続くかは目的語を基準にして判断すること。荷物は「持っていかれる」という受動的な関係を捉えて、過去分詞の③ taken を選びましょう。**at once** は「すぐに」という意味の熟語。

Lesson 03 分詞・分詞構文

頻出 ☐ **13** **13** children the way she does, Sue should become a teacher.

  ① Like   ② Liked

  ③ Liking   ④ To like

〔センター試験〕

☐ **14** **14** from a distance, the huge rock looked like a human face.

  ① Taken   ② Seeing

  ③ Observing   ④ Seen

〔同志社大(工)〕

☐ **15** **15** my homework, I was able to watch television.

  ① Being done   ② Doing

  ③ Had done   ④ Having done

〔京都産業大(経・理・工)〕

難 ☐ **16** **16** that there is no law against that, it is still immoral.

  ① Thinking   ② Granting

  ③ Asserting   ④ Forgetting

〔駒澤大(文)〕

頻出 ☐ **17** All things **17** , we cannot say that it is wrong.

  ① asking   ② considered

  ③ gone   ④ curious

〔早大(理工)〕

☐ **18** **18** Mike's plan to go to Italy after graduation, I asked him if he would go to England with me.

  ① Not knowing   ② Not known

  ③ Not to know   ④ Neither knowing

〔英検2級〕

答13 あんなに子どもが好きなのだから，スーは先生になるべきだ。

　　　13 ⇒③ Liking

　　▶主文の主語の Sue と選択肢の動詞の間には「子どもが好きだ」という能動的な関係があります。また，主文の時制も分詞構文の時制も同じなので，最も基本的な分詞構文の③ Liking を選びましょう。

答14 遠くから見ると，その大きな岩は人の顔のように見えた。

　　　14 ⇒④ Seen

　⚠▶「その大きな岩は遠くから見られる」という受動的な関係が成り立つので，受動分詞構文の④ Seen を選びましょう。

答15 宿題を終わらせたので，私はテレビを見ることができた。

　　　15 ⇒④ Having done

　きそ▶「私はテレビを見ることができた」よりも「宿題を終わらせた」方が前の時制なので，完了分詞構文の④ Having done を選びましょう。

答16 それに反対する法律が何もないことは認めるが，それはやはり道徳に反する。

　　　16 ⇒② Granting

　　▶ **granting (that) S V** は，「**仮に S が V することを認めたとしても**」という分詞構文を用いた慣用表現。このような分詞構文の慣用表現では，主語の一致を考える必要はありません。また，この表現は **granted (that) S V** にも書き換えることができます。

答17 すべての物事を考慮すると，私たちはそれが間違っているとは言えない。

　　　17 ⇒② considered

　　▶ all things が分詞構文の意味上の主語なので，これを基準にして「すべての物事が考慮される」という受動的な関係になっていることを捉えましょう。**all things considered** は「**すべての物事が考慮されると**」，つまり「**すべての物事を考慮すると**」という意味の熟語として覚えておきましょう。

答18 マイクが卒業後にイタリアに行く予定であることを知らなかったので，私は彼に一緒にイギリスへ行かないかと尋ねた。

　　　18 ⇒① Not knowing

　⚠▶分詞構文を否定の形にするときには，分詞構文の直前に not や never などの否定語を置きます。ここでは，主語の I は「知らない」という能動的な関係があり，時制は同じですので，最も基本的な分詞構文の形を使います。

◆ ☐ **19** There ☐19☐ no bus service, I had to walk home.

① were　　　　　　　② had

③ being　　　　　　 ④ having

〔立命館大（法）〕

☐ **20** John, ☐20☐ at the news of the earthquake, couldn't utter a word.

① shock　　　　　　② shocking

③ shocked　　　　　④ having shocked

〔英検 2 級〕

問 2：次の英文の下線部のうち，誤った英語表現を含む番号を選べ。

☐ **21** Mary ①spent the day ②help her ③elderly parents ④move into their new apartment.

誤り＝ ☐21☐　　　　　　　　　　　　　　〔国士舘大（政経）〕

頻出 ☐ **22** ①It was ②very ③excited ④news.

誤り＝ ☐22☐　　　　　　　　　　　　　　〔大阪経大（経）〕

☐ **23** The children were ①thrilling ②to see the ③fantastic fireworks display ④held by the river.

誤り＝ ☐23☐　　　　　　　　　　　　　　〔専修大（経）〕

問 3：日本文に合う英文になるように選択肢の語を並べ替え，空所に入るものを選べ。

☐ **24** その老人は孫に囲まれてとても幸せそうに見えた。（1 語不要）

The old man ＿＿ ☐24☐ ＿＿ ＿＿ ☐25☐ ＿＿ .

① looked　② very　　　　　③ by　　　④ surrounded

⑤ happy　　⑥ his grandchildren ⑦ surrounding　〔名城大（商）〕

答19 バスの便がなかったので，私は家まで歩かなければならなかった。

　　[19] ⇒③ being

　　▶ there is 〜 構文が分詞構文になると，**There being 〜（〜があるので）**，または **There being no 〜（〜がないので）**という形を使います。

答20 ジョンは地震の知らせにショックを受けたので，一言も発することができなかった。

　　[20] ⇒③ shocked

　　▶ **shock** という他動詞は，「**ショックを与える**」という意味。ここでは，「ジョンがショックを与えられた」という受動的な関係を捉えて，受動分詞構文の③ shocked を選びましょう。このような過去分詞による分詞構文では，過去分詞の前に being を補うこともできます。

答21 メアリーは年配の両親が新しいアパートに引っ越すのを手伝ってその日を過ごした。

　　[21] ⇒② help her → helping her

　　▶ **spend 時間 V**ing で「**V して（時間）を過ごす**」の意味を表します。Ving の代わりに to V や V は置けないので注意しましょう。

答22 それはとてもわくわくする知らせだった。

　　[22] ⇒③ excited → exciting

　　▶ **excite** という他動詞は，「**興奮させる**」という意味。ここでは，news は「興奮させられる」のではなく「興奮させる」方なので，③ excited を現在分詞の exciting に訂正しましょう。

答23 子どもたちは川のそばで行われた美しい花火大会に興奮した。

　　[23] ⇒① thrilling → thrilled

　　▶ **thrill** という他動詞は，「**ぞくぞくさせる**」という意味。ここでは，「子どもたちはぞくぞくさせられた」という受動的な関係を捉えて，① thrilling を thrilled に訂正しましょう。

答24 The old man looked **very** happy surrounded **by** his grandchildren.

　　[24] ⇒②　[25] ⇒③　（1-**2**-5-4-**3**-6）　不要＝⑦ surrounding

　　▶ 主語の The old man は「囲む」のではなく「囲まれる」方なので，受動分詞構文を使いましょう。

☐ **25** 帰りがけ，髪を切るため床屋に立ち寄った。（1語不要）

I dropped in at the barber's to ＿＿＿ 26 ＿＿＿ 27 ＿＿＿ my
way home.

① cut   ② hair   ③ have   ④ on

⑤ my   ⑥ out

〔中央大（商）〕

☐ **26** 救助隊員は，823人の死者を出したと思われるフェリー事故の生存者をより
多く探そうとした。

Rescue workers attempted to locate more survivors of a ferry disaster
＿＿＿ 28 ＿＿＿ 29 ＿＿＿ .

① believed   ② 823 people   ③ have   ④ to

⑤ killed

〔関東学院大（経－経）〕

難 ☐ **27** 徐々に彼の記憶は回復したが，事故の直前の数分間は依然として全く空白
のままであった。（1語不要）

Gradually, his memory came back, but ＿＿＿ ＿＿＿ 30 ＿＿＿
＿＿＿ 31 ＿＿＿ .

① the accident   ② to   ③ the last   ④ remained

⑤ leading up   ⑥ kept   ⑦ a complete blank ⑧ few minutes

〔名城大（商）〕

☐ **28** コンピュータ雑誌を読んでいるおかげでインターネットの発展がいつもよ
くわかる。（1語不要）

This computer magazine ＿＿＿ 32 ＿＿＿ ＿＿＿ 33 ＿＿＿ .

① the developments ② keeps   ③ of   ④ of the Internet

⑤ well-informed   ⑥ kept   ⑦ me

〔流通科学大（商）〕

Answers

答 25 I dropped in at the barber's to have my hair cut on my way home.

26 ⇒ ⑤ 27 ⇒ ① (3-5-2-1-4) 不要＝⑥ out

きそ ▶「髪を切る」という意味を表すには，**have one's hair cut** という表現を使います。これは，**have ~ V_pp**（~を V してもらう，~を V される）という形を使った表現で，目的語と過去分詞の間に「髪が切られる」という受動的な関係があることに注意しましょう。cut の活用は cut-cut-**cut** です。

Lesson

03

分詞・分詞構文

答 26 Rescue workers attempted to locate more survivors of a ferry disaster believed to have **killed** 823 people.

28 ⇒ ④ 29 ⇒ ⑤ (1-4-3-5-2)

A ▶「フェリー事故は死者を出したと信じられている」という受動的な関係を正確に捉えましょう。ここでは，「信じられている」よりも「死者を出した」方が前の時制なので，to have **V_pp** という完了不定詞が使われていることにも注意しましょう。

答 27 Gradually, his memory came back, but the last few minutes **leading up** to the accident **remained** a complete blank.

30 ⇒ ⑤ 31 ⇒ ④ (3-8-5-2-1-4-7) 不要＝⑥ kept

▶ remain **C** は「**C** のままでいる」という意味の第2文型（**S V C**）の表現。leading という現在分詞が，minutes という名詞を後ろから修飾しています。**lead (up) to ~** は，「**~へと至る**」という意味の熟語表現。

答 28 This computer magazine keeps me well-informed of **the developments** of the Internet.

32 ⇒ ⑦ 33 ⇒ ① (2-7-5-3-1-4) 不要＝⑥ kept

▶選択肢に keeps や kept，me があることから，keep **O C**（**O** を **C** のままにしておく）のような第5文型をとると考えられます。well-informed は「十分に情報を与えられている」という意味なので，keep の後ろに me well-informed と並べれば，「このコンピュータ雑誌は，私が十分に情報を与えられた状態に保つ」となり，意味の通る文になります。日本語訳から過去の出来事ではなく，いつもの事実を述べた文だとわかるので，動詞の形は keeps を選びます。

REVIEW

知覚動詞との組み合わせや分詞構文になっても，現在分詞 Ving と過去分詞 V_pp の使い分けはやはり動作を「する」のか「される」のかというところにあります。英文法の事項というのは，まずはルールを頭に入れるところから始まりますが，その後は反復で練習し，考えなくても感覚的にわかるぐらいにまで擦り込ませてしまうのがオススメです。

53

■第１問　次の空所に入れるのに最も適当なものを選べ。

問1　Will you clean up this room before you ☐1 ?
　　① go to bed　　　　　　　② went to bed
　　③ would go to bed　　　　④ have gone to bed

問2　When I got home, the mail ☐2 delivered.
　　① did already been　　　② had already been
　　③ was just been　　　　　④ were just been

問3　Bill is 20 minutes late. He ☐3 gotten lost somewhere.
　　① should have　　　　　② must have
　　③ will have　　　　　　　④ often have

問4　She has not come here yet. I am afraid she ☐4 her way.
　　① may be lost　　　　　② may have lost
　　③ may be having lost　　④ may have been lost

問5　Having received a telegram, he flew home, ☐5 find his father dead.
　　① instead of　　　　　　② in case of
　　③ because of　　　　　　④ only to

問6　I wouldn't mind ☐6 the manager of a store.
　　① to be　　　　　　　　② to become
　　③ being　　　　　　　　④ to being

問7　Japanese young people nowadays are pretty good ☐7 in a foreign country.
　　① getting used to being　　② at getting used to being
　　③ getting used to be　　　④ for getting used to being

問8　It is worth ☐8 that Madame Curie gave her life for science.
　　① remembered　　　　　② remembering
　　③ to be remembered　　　④ to remember

問9 At last he had his house ⬚9 in Kyoto.
① build　　　　　　　　② will build
③ to build　　　　　　　④ built

問10 There was a road ⬚10 to the town on the other side of the river.
① for leading　　　　　② lead
③ leading　　　　　　　④ to lead

問11 All things ⬚11 , he is a great scholar.
① consider　　　　　　② considering
③ considered　　　　　④ to consider

問12 The sun ⬚12 , we hurried to our home.
① having set　　　　　② setted
③ has set　　　　　　　④ to be set

問13 ⬚13 in the farm all day long, he was completely tired out.
① Worked　　　　　　　② Not working
③ Being working　　　　④ Having worked

問14 You should ⬚14 with us any day when it was convenient for you.
① come　　　　　　　　② have come
③ be coming　　　　　　④ be to come

問15 She has been busy ⬚15 for the coming trip to the U.S.
① prepare　　　　　　　② preparing
③ to prepare　　　　　　④ prepared

問16 16

①If anyone happens to ②call me up ③while I will be ④out shopping, ⑤please ask the person to ⑥call me again in the evening.

問17 17

I'll never forget ①to visit Boston during ②my last summer vacation. ③That was ④such a good trip.

■第3問 下の選択肢を並べ替えて英文を完成させ，空所に入る番号を答えよ。

問18 It was impossible _____ 18 _____ _____ think of her.
　　① to　　　② for　　　③ not　　　④ me

問19 I _____ _____ 19 _____ _____ _____ _____ . （1語不要）
　　① over　　② by　　　③ being　　④ escaped
　　⑤ narrowly　⑥ has　　⑦ run　　　⑧ a car

問20 I _____ _____ 20 _____ _____ _____ _____ you come tomorrow.
　　① by　　　② finished　③ have　　④ this novel
　　⑤ reading　⑥ the　　　⑦ time　　⑧ will

56

解答用紙

第1問	問1	問2	問3	問4	問5
	問6	問7	問8	問9	問10
	問11	問12	問13	問14	問15
第2問	問16	問17			
第3問	問18	問19	問20		

01-03 中間テスト① 解答

ADVICE

不定詞とは何か，動名詞とは何か，分詞・分詞構文とは何か，今までレベル①〜③でやってきたので，理解できていますよね。ここでは，基本的なことはしっかりと覚えて，問題を一目見て何が問われているのかが判断できるようになるまで繰り返し問題を解いていきましょう。例えば，助動詞の意味，不定詞や動名詞だけを目的語にとる動詞や，両方とるけど意味が違う動詞，分詞構文中の省略など。レベル⑤に向けて，基本的なことはすぐに解けるようにしておきましょう。

解説

■第1問

問1：時・条件の副詞節中では，未来のことでも現在形。

問2：過去のある時点に至るまでの完了は過去完了形。

問3：must have V_{pp}「Ｖしたにちがいない」。get lost「道に迷う」。

問4：may[might] have V_{pp}「Ｖしたかもしれない」。lose one's way「道に迷う」。

問5：結果の不定詞，only to Ｖ「そして結局Ｖするだけだ」。

問6：mind Ving「Ｖするのを気にする」。文意は「店長になってもかまわない」。

問7：be good at 〜「〜が得意である」。get[be] used to Ving「Ｖするのに慣れる[慣れている]」。

問8：be worth Ving「Ｖする価値がある」。

問9：have 〜 V_{pp}「〜をＶしてもらう，〜をＶされる」。

問10：現在分詞 leading が a road を修飾しています。

問11：all things considered「すべての物事を考慮すると」。

問12：主語が違う分詞構文（独立分詞構文）。主文より時制が前なので，having V_{pp} の形を使います。

問13：主文よりも時制が前なので，having V_{pp} の形を使います（完了分詞構文）。

問14：should[ought to] have V_{pp}「Ｖすべきだったのに」。

問15：be busy Ving で「Ｖするのに忙しい」の意味。come の活用は come-came-**come**。

■第2問

問16：while I will be → while I am

時・条件の副詞節中では，未来のことでも現在形にします。

問17：to visit → visiting

forget to **V** は「**V** し忘れる」。ここでは「**V** したことを忘れる」の意味なので，
forget Ving にします。

■第3問

問18：「2-**4**-3-1」が正解。「It was impossible for **me** not to think of her. (彼女のこ
とを考えまいとしても無理だった。)」となります。形式主語の it を使った
構文。it is ... (for 〜) to **V** は「(〜が) **V** するのは…だ」の意。不定詞の否定
形は to の前に not を置きます。

問19：「5-4-**3**-7-1-2-8」が正解。「I narrowly escaped **being** run over by a car. (私は
危なく車にひかれるところだった。)」となります。escape being **V**pp「**V** され
るのを免れる」。being **V**pp は受動態の動名詞。

問20：「8-3-2-**5**-4-1-6-7」が正解。「I will have finished **reading** this novel by the
time you come tomorrow. (明日お見えになるまでには，この小説を読み終
えておきます。)」となります。finish Ving「**V** するのを終える」，by the time
S V「**S** が **V** するまでに」の意。時・条件の副詞節中では，未来のことでも
現在形。

解答

第1問	問1　①	問2　②	問3　②	問4　②	問5　④
	問6　③	問7　②	問8　②	問9　④	問10　③
	問11　③	問12　①	問13　④	問14　②	問15　②
第2問	問16　③	問17　①			
第3問	問18　④	問19　③	問20　⑤		

SCORE	1st TRY	2nd TRY	3rd TRY	CHECK YOUR LEVEL	▶ 0 〜 12 点 ➡ *Work harder!*
	/20点	/20点	/20点		▶ 13 〜 16 点 ➡ *OK!*
					▶ 17 〜 20 点 ➡ *Way to go!*

長文が読めるようになるには？

　大学入試問題や英検などの資格試験の問題を見てみると，長文読解の問題が多いことに気がつきます。これらの長文問題を正確に読めるかどうかで合否は決まる！　と言っても過言ではないでしょう。

　これらの問題を眺めてみると，知らない単語や熟語のオンパレードで，単語や熟語を知らないことが，長文が読めない唯一の原因だと思い込んでしまう人も多いようです。

　確かに，単語や熟語の知識は大切ですが，それにも増して，文法や構文の知識が重要なのです。単語や熟語はわかっていても，接続詞や修飾関係がわかっていなければ，大きく意味を取り違えてしまうこともあります。

　皆さんがこの本で勉強している英文法は，英文法の問題を解くためだけでなく，長文読解力の下地作りにもなっているのです。

　英語の長文を読み始めて最初のうちは，ただ単語をつないで漠然と意味をとるだけではなく，文法的なつながりをしっかりと意識するようにしましょう。

　慣れてくると，意識しなくても文法的なことが自然にわかるようになり，初めて速読することができるようになるのです。

　じっくりと腰を据えて，基礎から頑張りましょう。

LV4
STAGE-2

比較

比較にはさまざまな慣用表現があって，どれも頻出です。これらは丸暗記ではなく，イメージと共に暗記しておくと印象に残るため忘れにくくなります。また，比較にまつわるさまざまな表現もここでマスターしていきましょう。

1 no more, no less のイディオム

> 問 1 : The painting cost him no less than a million dollars.
> 2 : He paid as ☐ ☐ a million dollars for the painting.
>
> 〔立命館大（理工）〕

no という否定語は，強く否定すると同時に，「ぴったり同じ」というような含みを持っています。ここでは，no less than a million dollars は，「100万ドルを下回らない」と言っているのと同時に，「ぴったり100万ドルある」という含みを持っています。ですから，**no less than 〜** は「〜も」という数や量を強調するような意味で使われるということがわかります。このように，数や量を強調する言い方は他に，**as many[much] as 〜** という表現があります。数の多さを表す場合は many，量の場合には much を使います。ここでは，「100万ドル」は量の多さなので much となります。さらに，as ... as 〜 は「〜ほども…」という強調の意味を持っていることも覚えておきましょう。

答⇒ much, as （訳：1：その絵は彼に100万ドルものお金を負担させた。
2：彼はその絵に100万ドルものお金を支払った。）

```
●━━━ no more と no less ●━━━

☐ no more than 〜          ＝〜しか

  = only 〜

  例 Nancy has no more than $5 in her wallet.
    （ナンシーの財布には5ドルしかない。）
  ┄┄┄┄┄┄┄┄┄┄┄┄┄┄┄┄┄┄┄┄┄┄┄┄┄┄┄┄┄┄┄┄
☐ no less than 〜          ＝〜も

  = as many[much] as 〜

  例 The actor has received no less than three awards.
    （その俳優は3つもの賞を受賞した。）
```

2 much less のイディオム

> 問 She has little time to study, ☐ to help with the household job.
> ① much more ② still more
> ③ further ④ much less
>
> 〔流通経済大（経済）〕

否定文の後ろに否定するものを1つ付け足したいときには，**much[still] less ～** や **let alone ～**（**～はもちろん ····· ない**）という形を使います。

ここでは，little という単語は準否定語で，前の文は一種の否定文ですので，④ much less を使いましょう。

答⇒④（訳：彼女には勉強する時間はほとんどないし，もちろん家事を手伝う時間はない。）

3 the 比較級 ....., the 比較級 ..... の表現

> 問 The more excuses he makes, ☐ his situation will be.
> ① and most ② the worse
> ③ much more ④ by far better
>
> 〔日本大（危機管理）〕

the 比較級 ....., the 比較級 ..... の表現は，2つの事柄が連動していることを表現する場合に使います。「**····· なほど ····· になる**」という意味です。あるものが増加したり減少したりすると，それと連動して，もう1つのものも増加したり減少したりするという関係を表す場合に使います。

問題では「彼が多くの言い訳をすればするほど，彼の状況が悪くなるだろう」ということを表現したいわけですが，言い訳の数と，状況の悪化が連動していることを表すためにこの構文を使うわけです。

答⇒②（訳：彼が多くの言い訳をすればするほど，彼の状況が悪くなるだろう。）

the 比較級 ....., the 比較級 ..... の構文では，連動する部分を文の先頭に出して表現します。元の文からの変化を見てみましょう。

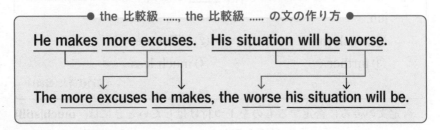

————● the 比較級 ....., the 比較級 ..... の文の作り方 ●————

He makes more excuses.　His situation will be worse.

The more excuses he makes, the worse his situation will be.

このように連動する2つのものは，文頭に出されます。また，前後の文は接続詞を用いずにカンマだけでつなげることができます。
　他にも例文を見てみましょう。

————● the 比較級 ....., the 比較級 ..... の表現 ●————

①通常の形
　例 The harder you work, the more you earn.
　（一生懸命働けば働くほど，たくさん稼ぐことができる。）

→この文では，the harder と the more が連動しています。また，the 比較級の直後には，普通主語と述語動詞が続きますが，これらが省略されることもあります。

……………………………………………………………………

②動詞が省略されるパターン
　例 The faster you drive, the greater the risk of an accident.
　（速く運転すれば運転するほど，事故の危険は大きくなる。）

→後ろの節は，the risk of an accident という主語だけで終わっていて，動詞が略されています。is という動詞を補ってみるとよいでしょう。

……………………………………………………………………

③主語と動詞が省略されるパターン
　例 The sooner, the better.
　（早ければ早いほどよい。）

→この文は，主語も動詞もありませんが，このように the 比較級, the 比較級だけで短く表現することもあります。

4 「同様に……」を表す構文

> 問　僕は泳ぎは全くだめだ。（2語不要）
>
> I ＿＿＿ ＿＿＿ ＿＿＿ ＿＿＿ ＿＿＿ a stone can.
>
> ① as well as　② can　③ cannot　④ more
>
> ⑤ no　⑥ than　⑦ swim
>
> 〔恵泉女学園短大〕

S₁ no more V₁ than S₂ V₂ は，「**S₂がV₂しないのと同様に，S₁はV₁しない**」という意味の，否定を表す構文です。この表現は文語的なもので，日常の英語ではあまり用いられません。設問の文は「石が泳げないのと同様に僕も泳げない」の意味で，than 以下の内容を引き合いに出すことによって否定の意味を強調しています。これに対して，**S₁ no less V₁ than S₂ V₂** は，「**S₂がV₂するのと同様に，S₁はV₁する**」という意味の，肯定を表す構文。肯定か否定かということに注意して，これらの構文を覚えておきましょう。

ここでは助動詞の can が no more の前に来ています。また，a stone can の後の swim が省略されています。

答 ⇒ 2-5-4-7-6　(I can no more swim than a stone can.)

more と less を用いた表現には，ほかにも「むしろ」の表現があります。

● 「むしろ」の表現 ●

☐ more A than B　　＝ B というよりむしろ A（A＞B）

= rather A than B

例 This novel is more a mystery than a romance.
（この小説は恋愛ものというよりむしろミステリーものだ。）

....

☐ less A than B　　＝ A というよりむしろ B（A＜B）

= not so much A as B

例 This novel is less a mystery than a romance.
（この小説はミステリーものというよりむしろ恋愛ものだ。）

「A というよりむしろ B」という表現はいくつかありますが，英文中と日本語訳中での A と B の順番は混同しやすいです。内容を頭の中でイメージしながら何度も例文を読むことで身に付けていきましょう。

問1：次の英文の空所に入れるのに最も適当なものを選べ。

☐ 1 "I love your garden. It's so neat."
"Well, the smaller the garden, ☐ 1 ☐ to look after it."

① it is easier   ② it is easily
③ the easier it is   ④ the easily it is

〔センター試験〕

☐ 2 Tom is ☐ 2 ☐ a hard-working student than a mathematical genius; he always gets high scores in math without studying very hard.

① less   ② more
③ not   ④ rather

〔センター試験〕

☐ 3 It's the best book ☐ 3 ☐ read.

① I haven't ever   ② I haven't yet
③ I've ever   ④ I've never

〔千葉商大（商経－経）〕

頻出 ☐ 4 You should ☐ 4 ☐ than to take an examination without preparing for it.

① study better   ② learn better
③ be better   ④ know better

〔同志社大（神・法）〕

☐ 5 Your estimation of him is a little too high, to say the ☐ 5 ☐ .

① least   ② less
③ more   ④ much

〔中京大〈改〉〕

☐ 6 My students are many in number, ☐ 6 ☐ seventy or eighty altogether.

① as much as   ② as little as
③ no less than   ④ no more than

〔愛知工大（電子工・機械工・建築工）〕

答1 「あなたの庭が大好きなんです。とてもきれいですよね。」「ええ，庭が小さければ小さいほど，手入れが簡単なんですよ。」

　　　　1 ⇒ ③ the easier it is

▲ ▶ **the 比較級 S₁ V₁, the 比較級 S₂ V₂** は，「…に S₁ が V₁ すればするほど，…に S₂ が V₂ する」という比例の関係を表す構文。ここでは，the garden の後ろに is が省略されていることにも注意。the 比較級 **S V** の形は，③ the easier it is だけです。

答2 トムは勤勉な学生というよりも，むしろ数学の天才だ。彼はいつも，あまり勉強しないのに，数学で良い点数を取る。

　　　　2 ⇒ ① less

▶ **less A than B** は「**A というよりむしろ B**」という意味で，同じものや人間の中での性質を比較するような場合に使われます。逆に，**more A than B** だと，「**B というよりむしろ A**(= rather A than B)」という意味です。

答3 それは私が今まで読んだ中で最も良い本だ。

　　　　3 ⇒ ③ I've ever

きそ ▶ **the 最上級 ～ (that) S have ever V_pp** は「**S が今まで V した中で一番…な～**」という意味の，最上級を用いた重要構文。

答4 あなたは準備もしないで試験を受けるなんてことをしないくらいの分別をつけるべきだ。

　　　　4 ⇒ ④ know better

▶ **know better than to V** は，「**V しないくらいの分別はある**」という意味の重要表現。**know better** だけでも，「**分別がある**」という意味の熟語として使うことができます。

答5 控えめに言っても，あなたの彼に対する評価は少し高すぎる。

　　　　5 ⇒ ① least

▶ **to say the least** は，「**控えめに言っても**」という意味の重要熟語。ちなみに，least は little の最上級です。

答6 私の生徒はたくさんいる。すべて合わせて 70 人か 80 人もいる。

　　　　6 ⇒ ③ no less than

▶ **no less than ～** は「**～も**」という意味で，数や量の多さを強調するときに使われる熟語。数を強調するときには **as many as ～**，量を強調するときには **as much as ～** に書き換えが可能。ここでは数を強調しているので，量を表す much や，little は使えません。④だと **no more than ～**(**～しか**)となり，意味が合いません。

頻出 ☐ **7** It is [7] easier to sympathize with sorrow than to sympathize with joy.

① more   ② much

③ such   ④ very

〔日本大 (理工)〕

難 ☐ **8** I [8] fear you than I fear a fly.

① not more   ② at least

③ no more   ④ not less

〔中京大〕

☐ **9** We should respect the basic human rights of others, [9] their lives.

① so much   ② some more

③ much more   ④ much less

〔名城大 (商)〕

☐ **10** The problem with our plan is not [10] the cost as it is the time required.

① so much   ② so

③ only   ④ because

〔南山大 (外)〕

☐ **11** He earns [11] I earn a week.

① as twice much money as   ② twice money as much as

③ twice as much money as   ④ as much money as twice

〔東海大 (理・工)〕

☐ **12** I like the girl all [12] for her faults.

① the best   ② good

③ best   ④ the better

〔千葉工大 (機械・建築)〕

答7 喜びを分かち合うよりも，悲しみに同情する方がずっと簡単だ。

⬛7 ⇒② much

▶比較級を強調するときには，much, far, still, even などの副詞を使います。また，最上級を強調するときには，much や by far を使います。

答8 私はハエを恐れないのと同様に，あなたを恐れない。

⬛8 ⇒③ no more

▶ **S₁ no more V₁ than S₂ V₂** は，「S₂ が V₂ しないのと同様に，S₁ は V₁ しない」という意味の否定の重要表現。逆に，**S₁ no less V₁ than S₂ V₂** だと，「S₂ が V₂ するのと同様に，S₁ は V₁ する」という肯定の表現になるので注意しましょう。

答9 私たちは他者の基本的人権を尊重すべきであり，彼らの生命はよりいっそう尊重すべきである。

⬛9 ⇒③ much more

⚠ ▶**肯定文の後ろで「〜はもちろん ····· する」という肯定を追加したいときには much[still] more 〜 を，「〜はもちろん ····· ない」という否定を追加したい場合には，much[still] less 〜 や let alone 〜 を使います。**ここでは，肯定を付け足しているので，③ much more が正解。ただし，この用法は現代英語ではまれにしか使われません。

答10 私たちの計画に伴う問題は，経費というよりむしろ必要とされる時間である。

⬛10 ⇒① so much

▶ **not so much A as B** は，「A というよりむしろ B」という意味の重要表現。**B rather than A** に書き換えられることにも注意しておきましょう。

答11 彼は私が1週間に稼ぐ分の2倍を稼ぐ。

⬛11 ⇒③ twice as much money as

(きそ) ▶**□ times as ... as .....** は，「····· の□倍…だ」という意味を表す倍数表現。倍数の部分には，半分なら **half**，2倍なら **twice**，3倍なら **three times** などが使われます。元の文の He earns much money. に twice as ... as ..... という倍数表現が加わったと考えると理解しやすいでしょう。

答12 欠点があるから，かえって彼女が好きだ。

⬛12 ⇒④ the better

(きそ) ▶ **all the 比較級 for 〜** は，「〜なのでますます ·····」という意味の重要表現。後ろに節が来る場合には，**all the 比較級 because S V** という形を使うことにも注意しておきましょう。

13 It was what he meant ⌈ 13 ⌉ what he said that annoyed me.

① rather than   ② better than

③ less than   ④ worse than

〔高崎経済大〕

14 Jane's husband is ⌈ 14 ⌉ .

① clever as wise   ② clever than wiser

③ so clever as wise   ④ more clever than wise

〔英検2級〕

15 Jane walked out of the house without ⌈ 15 ⌉ saying a word to her mother.

① as little as   ② better than

③ less than   ④ so much as

〔英検2級〕

頻出 **16** His paper is superior ⌈ 16 ⌉ .

① than mine   ② to mine

③ than I   ④ to me

〔東海大(法)〕

17 I want you to ⌈ 17 ⌉ your talents.

① pay up   ② make the most of

③ stay on   ④ keep up with

〔関西外語大〕

18 I am not ⌈ 18 ⌉ concerned about the results.

① at least   ② in least

③ at the least   ④ in the least

〔京都産業大(理)〕

答13 私が腹を立てたのは，彼が発言したということに対してよりもむしろ彼の発言の内容に対してだ。

13 ⇒① rather than

▶ **A rather than B** は，「**B というよりもむしろ A**」という意味の重要表現。**not so much B as A** にも書き換えられることに注意して覚えておきましょう。

答14 ジェーンの夫は賢いというよりむしろ利口だ。

14 ⇒④ more clever than wise

▶ 1 つの物，または 1 人の人間の 2 つの性質を比較する場合には，**more A than B (B というよりむしろ A)** という表現を使います。また，clever は cleverer のような，-er の比較級にはならないことに注意しておきましょう。

答15 ジェーンは母に一言も言わずに家から歩いて出た。

15 ⇒④ so much as

▶ **without so much as Ving** は，「**V すらせずに**」という意味の重要熟語。**S not so much as V** は「**S は V すらしない**」の意味なので，合わせて覚えておきましょう。

答16 彼のレポートは私の物よりも優れている。

16 ⇒② to mine

▶ **be superior to ～ (～より優れている)** は，than ではなく to を使う，ラテン語に由来する比較級。この逆は，**be inferior to ～ (～より劣っている)** です。この文中での paper は，「レポート」の意味で使われていることにも注意しましょう。また，比較されているのは「彼のレポート」と「私のレポート」なので，to の後には my paper の意味を表す mine を置きます。

答17 私はあなたに才能をできるだけ生かしてほしいのです。

17 ⇒② make the most of

⚠ ▶ **make the most of ～** は「**～を最大限に活用する**」という意味の，最上級を使った熟語。似たような意味の熟語に，**make the best of ～ (不利な状況を最大限に利用する)** があります。

答18 私はその結果について少しも心配していない。

18 ⇒④ in the least

⚠ ▶ **not (.....) in the least[slightest]** は「**全く ..... ない**」という意味の，最上級を用いて否定の意味を強調する熟語。二重否定と勘違いしないように注意しましょう。

□ 19 ☐19☐ 200 kinds of butterflies have been collected in this mountain district.

① So much as   ② So many of

③ As many as   ④ As far more as

〔桜美林短大〕

頻出 □ 20 A camera is usually chosen because of its simplicity of operation ☐20☐ its ability to shoot high-quality pictures.

① the same as   ② as well as

③ the same   ④ as well

〔専修大（経済）〕

問2：次の英文の下線部のうち，誤った英語表現を含む番号を選べ。

□ 21 ① The more ② it is dangerous, ③ the more ④ I enjoy it.

誤り＝ ☐21☐   〔和光大（表現）〈改〉〕

□ 22 ① The new office clerks enjoyed ② their first day at work, although everyone agreed ③ that the lunch was ④ the bad food they had ever eaten.

誤り＝ ☐22☐   〔東海大（政経・健康）〕

頻出 □ 23 I finished ① reading this letter ② very ③ more quickly ④ than that letter.

誤り＝ ☐23☐   〔駿河台大（法）〕

答19 200 種類もの蝶がこの山岳地帯で集められた。
　　 19 ⇒③ As many as
　　▶数の多さを強調するときには **as many as ～**（～も），量の多さを強調するときには **as much as ～** という熟語を使います。これらは両方とも，**no less than ～** に書き換えることができます。ちなみに，**as ... as ～** は「～ほど…」という意味で，強調するときにも使われます。

答20 カメラはたいてい高画質の写真を撮れる性能だけでなく操作の簡単さでも選ばれる。
　　 20 ⇒② as well as
　　▶ **A as well as B** は，「**B と同様に A も**」という意味の熟語。**not only B but (also) A** にも書き換えることができます。どちらも，A に焦点が置かれる表現です。

答21 危険であればあるほど，私はそれを楽しむ。
　　 21 ⇒② it is dangerous → dangerous it is
　　▶ **the 比較級 S₁ V₁, the 比較級 S₂ V₂** で「…に S₁ が V₁ するほど，…に S₂ が V₂ する」という比例の関係を表す形です。dangerous の比較級は more dangerous で，more と dangerous とを切り離すことはできません。したがって②の dangerous は，more の直後に来るように位置を変える必要があります。

答22 新しい事務員たちは皆，その昼食は今まで食べた中で最もまずいということで意見が一致したが，職場での初日を楽しんだ。
　　 22 ⇒④ the bad → the worst
　　▶「**S が今まで V した中で一番…な～**」という意味を表すには，**the 最上級 ～ (that) S have[has] ever Vpp** という構文を使います。ここでは，④ the bad を最上級を用いて，the worst に訂正しましょう。bad は，bad-worse-worst と活用します。また，この文では the worst food they had ever eaten のように had を使った過去完了形になっています。これは「皆の意見が一致した」のが過去のことであり，それよりも前に食べたものの中で最もまずかったということを表しています。

答23 私はこの手紙をあの手紙よりずっと早く読み終えた。
　　 23 ⇒② very → much
　　▶比較級を強調するときには，much, far, still, even のような副詞を使います。ここでは，② very を much に訂正しましょう。

問3：日本文に合う英文になるように選択肢の語を並べ替え，空所に入るものを選べ。

☐ **24** チューリッヒはロンドンに次ぐ世界第2位の金融市場である。

Zurich is ＿＿＿ 24 ＿＿＿ ＿＿＿ ＿＿＿ 25 ＿＿＿ ＿＿＿ London.

① market   ② largest   ③ gold   ④ second

⑤ in the world ⑥ after   ⑦ the

〔専修大（経）〕

🔶 ☐ **25** 私と同様彼も若くない。（1語不要）

He ＿＿＿ 26 ＿＿＿ ＿＿＿ 27 ＿＿＿ I am.

① than   ② is   ③ more   ④ no

⑤ young   ⑥ any   ⑦ not

〔福岡大（工・薬）〕

☐ **26** 英国人ほど天気を話題にする国民はない。

＿＿＿ 28 ＿＿＿ 29 ＿＿＿ about the weather as the English.

① much   ② talk   ③ people   ④ so

⑤ no

〔四天王寺国際仏教大（文）〕

☐ **27** 私の兄は君よりも長時間働くが，君と同じくらいのお金しか稼いでいない。

My brother works longer but earns only ＿＿＿ ＿＿＿ 30 ＿＿＿

31 ．

① money   ② as   ③ do   ④ as you

⑤ much

〔関東学院大（経済）〕

☐ **28** 私にはその仕事がますます面白いものに思えてきた。

I ＿＿＿ 32 ＿＿＿ ＿＿＿ 33 ．

① and   ② found   ③ more   ④ the job

⑤ more attractive

〔流通科学大（経済）〕

Answers

答24 Zurich is the **second** largest gold **market** in the world after London.

　　　24 ⇒④　　25 ⇒①　　(7-4-2-3-1-5-6)

　⚠️ ▶「□番目に…」と言う場合には，the と最上級の間に序数を置きましょう。例えば「2番目に背が高い」は the second tallest，「3番目に大きい」は the third biggest と表せます。

答25 He is **not** young any **more** than I am.

　　　26 ⇒⑦　　27 ⇒③［⑤］　(2-7-5-6-**3**-1 [2-7-6-3-**5**-1])　不要＝④ no

　▶ **S₁ not V₁ any more than S₂ V₂** は，「**S₂ が V₂ しないのと同様に，S₁ も V₁ しない**」という意味。He is not any more young than I am. でも正解。**S₁ no more V₁ than S₂ V₂** という形を使って，He is no more young than I am. と書き換えることもできます。

答26 No **people** talk **so** much about the weather as the English.

　　　28 ⇒③　　29 ⇒④　(5-**3**-2-4-1)

　きそ ▶否定語の後ろに，as[so] ... as 〜 の構文や比較の構文を置いて，最上級の意味を表すことができます。ここでは，「英国人が天気について一番多く話す」という内容を否定文で表現しています。この文は，The English talk the most about the weather. にも書き換えられます。

答27 My brother works longer but earns only as much **money** as you **do**.

　　　30 ⇒①　　31 ⇒③　(2-5-1-4-3)

　▶原級の基本的な形を使います。as much が「同じくらいの」の意味で money を修飾するので，as much money の語順になる点に注意しましょう。as you do の do は earn の意味です。

答28 I found **the job** more and **more attractive**.

　　　32 ⇒④　　33 ⇒⑤　(2-4-3-1-5)

　▶比較級 and 比較級は「ますます…」の意味を表します。したがって，more and more attractive で「ますます魅力的な」の意味になります。find O C の形で「O が C だとわかる［思う］」の意味を表す点にも注意しましょう。

REVIEW

問題の中で，さまざまな比較の表現が登場しましたね。比較表現に関しては，パターンを丸暗記するよりも，比較対象同士の大小関係などを頭の中でイメージしながら例文を練習することで，より表現が身に付きやすくなりますよ。

関係詞

> 関係詞と一言で言っても，関係代名詞の主格・所有格・目的格や関係副詞，複合関係詞など，さまざまな種類があります。これらを頭の中でしっかりと整理して，それぞれのパターンと特徴をきちんと覚えておくことが，関係詞の問題に強くなるポイントです。

1 前置詞＋関係代名詞

> 問　This is the way 〔　　〕 we can become acquainted with one another.
>
> ① how　　②in which　　③ to which　　④ which
>
> 〔明治学院大（文－英文・社－社会福祉）〕

　関係代名詞の目的格の後ろには，他動詞や前置詞で終わっていて，名詞が1つ欠落しているような**不完全な文が来ます**。その名詞が抜けている部分に先行詞を入れると文の意味が通じるようになります。また，前置詞で終わっている場合には，その前置詞を関係代名詞の前に持ってくることもできます。

　この問題では，This is the way which we can become acquainted with one another in φ. という文の，in が関係代名詞 which の前に置かれて，in which となるわけです。さらに，φ の部分に先行詞を持っていき，We can become acquainted with one another in the way. とすれば，元の文が完成します。ただし，**関係代名詞の that の前には前置詞を置けない**ことに注意しましょう。

　答⇒②（訳：こういう風にして私たちは互いに知り合うことができるのです。）

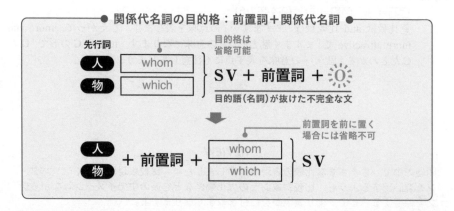

● 関係代名詞の目的格：前置詞＋関係代名詞 ●

2 非制限用法

> 問 Sherry went out with her friends and hadn't come home by
> midnight, _____ made her parents worry.
>
> ① which　　② that　　③ what　　④ it
>
> 〔英検2級〕

　関係詞の先行詞は，普通は名詞ですが，文や節を先行詞とするパターンも
あります。**カンマ＋which** は，前の文や節全体を先行詞として，それを後ろ
で説明することができます。ここでは，① which が正解で，カンマ＋ which
の前の文全体が先行詞となっています。

　答⇒①（訳：シェリーは友達と出ていって，深夜までに家に帰ってこなか
　　　　ったので彼女の両親は心配した。）

3 複合関係代名詞

> 問 I will give my picture to _____ wants it.
>
> ① whoever　　　　② whatever
>
> ③ who　　　　　　④ no matter who

　whoever や wherever など，関係詞＋ ever の形をとるもののことを複合関
係詞といいます。whoever V には，「V する人は誰でも」という名詞節として
の使い方と，「誰が V しようとも」という副詞節としての使い方があります。
空所の前の部分は I will give my picture to のように，前置詞で終わっている
ため，後ろにはその目的語として名詞の働きをするものが来なければいけま
せん。名詞節の whoever wants it（それを欲しい人は誰でも）と入れることで
文が成立します。副詞節の whoever は④ no matter who と言い換えることが
できますが，この場合には当てはまりません。また，写真をあげる相手，つ
まり人について話しているので，物に対して使われる② whatever も当ては
まりません。関係代名詞の③ who を入れる場合には，前に anyone などの先
行詞が必要です。

　答⇒①（訳：私は，私の絵を欲しい人なら誰にでもあげるつもりだ。）

● 複合関係代名詞 ●

☐ **whoever V**

＝**名詞節**：V する人は誰でも   ≒ anyone who **V**

例 Whoever wants to join the volunteer club is welcome.
（ボランティアクラブに参加したい人は誰でも歓迎します。）

＝**副詞節**：誰が V しようとも   ≒ no matter who **V**

例 Whoever comes late, they will not be allowed to attend the seminar.
（遅れてきた人は誰であろうとも，セミナーに出席することはできません。）
※ただし，一般的には Whoever comes late will not be allowed to attend the seminar. のような名詞節を使った言い方が好まれます。

- -

☐ **who(m)ever S V**

＝**名詞節**：S が V する人は誰でも   ≒ anyone who(m) **S V**

例 You can invite who(m)ever you want to my party.
（あなたが呼びたい人は誰でも私のパーティーに招待して良いですよ。）

＝**副詞節**：誰を S が V しようとも   ≒ no matter who(m) **S V**

例 Who(m)ever you talk to, just be nice to them.
（あなたが誰と話すにしても，親切であるべきだ。）
※ whomever は whoever の目的格ですが，話し言葉では後ろに **S V** と続く目的格の形でも whoever が用いられることが多いです。

- -

☐ **whatever (S) V**

＝**名詞節**：(S が) V するものは何でも ≒ anything that **(S) V**

例 I'll eat whatever you cook for me.
（君が作ってくれるものは何でも食べるよ。）

＝**副詞節**：何が [S が何を] V しようとも ≒ no matter what **(S) V**

例 Whatever happens, don't give up.
（何が起ころうとも，諦めないで。）

最後に，関係詞について下の図でおさらいしましょう。

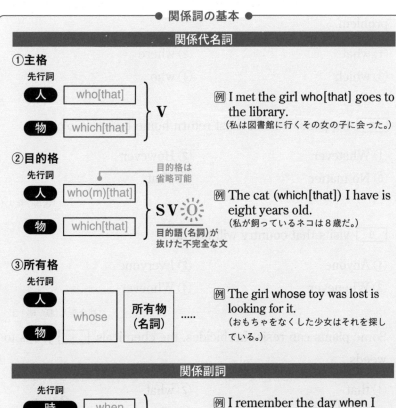

● 関係詞の基本 ●

関係代名詞

①主格

先行詞

人　who[that]
物　which[that]
　⎫
　⎬ V
　⎭

例 I met the girl who[that] goes to the library.
（私は図書館に行くその女の子に会った。）

②目的格

先行詞

目的格は省略可能

人　who(m)[that]
物　which[that]
　⎫
　⎬ S V O
　⎭
目的語（名詞）が抜けた不完全な文

例 The cat (which[that]) I have is eight years old.
（私が飼っているネコは8歳だ。）

③所有格

先行詞

人
物
whose　所有物（名詞）　.....

例 The girl whose toy was lost is looking for it.
（おもちゃをなくした少女はそれを探している。）

関係副詞

先行詞

時　when
場所　where
the reason　why
the way　how
　⎫
　⎬ S V
　⎭ 完全な文

例 I remember the day when I first met my husband.
（私は夫と初めて出会った日を覚えている。）

例 Can you tell me the reason why the concert was canceled?
（コンサートが中止された理由を教えていただけますか？）

※「the reason」と「why」はどちらかを省略できる
※「the way」と「how」は，どちらかを必ず省略する

問 1：次の英文の空所に入れるのに最も適当なものを選べ。

難 □ **1** There are few places downtown for parking, ⬚1⬚ is really a problem.

① what　　　　　　　　② where

③ which　　　　　　　④ who

〔センター試験〕

□ **2** ⬚2⬚ happens, we still must return home by seven o'clock.

① Whatever　　　　　② However

③ No matter　　　　　④ That

〔西南学院大（法）〕

□ **3** ⬚3⬚ visits that country will love it.

① Anyone　　　　　　② Everyone

③ Whenever　　　　　④ Whoever

〔京都産業大（経・理・工・外）〕

□ **4** Some plants can resist herbicides, the chemicals ⬚4⬚ job is to kill weeds.

① that　　　　　　　　② what

③ which　　　　　　　④ whose

〔明治学院大（経・文）〕

頻出 □ **5** I like children. That's ⬚5⬚ I became a teacher.

① because　　　　　　② why

③ what　　　　　　　④ when

〔流通科学大（商）〕

□ **6** The book ⬚6⬚ was too difficult for the students.

① chose the teacher　　② the teacher chose

③ the teacher chose it　④ which chose the teacher

〔明治学院大（経・文－芸術）〕

答1 中心街には駐車する場所がほとんどないが，それは本当に問題だ。

　　　1 ⇒ ③ which

　　　▶ カンマ＋ which という関係代名詞は，前の文や節全体を先行詞にすることができます。ここでは，前に来ている There から parking までの文全体が，which の先行詞になっています。

答2 何があっても，やはり私たちは7時までには家に帰らなければならない。

　　　2 ⇒ ① Whatever

　　　▶ whatever (may) V は「**何が V しようと**」という意味の，副詞節を作ることができる表現。no matter what (may) V にも書き換え可能。また，whatever V は名詞節として，「**V するものは何でも**」という意味で使うこともできますが，この場合は no matter what V には書き換えられないことに注意しましょう。

答3 あの国を訪れる人は誰でもあの国を好きになるでしょう。

　　　3 ⇒ ④ Whoever

　　　▶ whoever V は「**V する人は誰でも**」という意味で，先行詞を含みます。anyone who V に書き換えられることも覚えておきましょう。また，whomever S V φ は，anyone whom S V φ と書き換えることができます。

答4 雑草を枯らす役目を持つ薬品である除草剤に，耐えることのできる植物もある。

　　　4 ⇒ ④ whose

　　　▶ 先行詞の the chemicals (薬品) に付随する [所有物] である job (役目) に対して説明を加えているわけですから，ここでは所有格の ④ whose を使いましょう。

答5 私は子どもが好きだ。だから教師になったのです。

　　　5 ⇒ ② why

　　　▶ that is why S V は，「**そういうわけでSはVする**」という意味の慣用表現。もともとは，that is the reason why S V だったのですが，the reason という先行詞がわかりきっているので省略された形です。

答6 先生が選んだ本は，生徒たちには難しすぎた。

　　　6 ⇒ ② the teacher chose

　　　きそ ▶ 先行詞にあたる The book の後ろに，関係代名詞の目的格の which が省略されています。関係代名詞の目的格の which の後ろには，目的語が抜けた不完全な文が来なければならないので，② the teacher chose φ を選びましょう。

☐ **7** No matter 　7　 daughter she may be, she should be punished by the law.

① who ② whoever

③ whom ④ whose

〔京都産業大(経・理・工)〕

頻出 ☐ **8** Let's go back to the hotel, 　8　 we can rest.

① when ② what

③ where ④ which

〔獨協大(外)〕

☐ **9** As a result of working at the newspaper, I met my future husband, 　9　 was also working there.

① when ② which

③ where ④ who

〔四天王寺国際仏教大〕

☐ **10** This is the very moss 　10　 the professor was in search.

① which ② that

③ in which ④ of which

〔九州産業大(商・工・芸)〕

難 ☐ **11** He is a famous novelist, about 　11　 many books have been published.

① who ② whom

③ whose ④ that

〔駒澤大(文)〕

☐ **12** She is no longer 　12　 she used to be.

① which ② who

③ what ④ that

〔北海学園大(経)〕

Answers

答7 彼女が誰の娘であろうとも，法律で罰せられるべきだ。

⬜7 ⇒ ④ whose

⚠ ▶ **no matter whose 〜 .....** は「**誰の〜であろうとも ‥‥‥**」という意味の，譲歩の副詞節を作る表現。**whosever 〜 .....** にも書き換えることがあります。

答8 ホテルに戻って，そこで休もう。

⬜8 ⇒ ③ where

▶ **rest** は，「**休憩する**」という意味の自動詞なので，関係詞の後ろには完全な文が続きます。先行詞の the hotel は場所を表す名詞なので，③ where を選びましょう。

答9 新聞社で働いた結果として，私は将来の夫に出会った。彼もまたそこで働いていたのだ。

⬜9 ⇒ ④ who

▶先行詞が人間を表す名詞で，関係詞の後ろには動詞が続いています。主格の関係代名詞の④ who が答えになるとわかります。

答10 まさしくこれが，教授の探し求めていた苔である。

⬜10 ⇒ ④ of which

▶この文は，This is the very moss which the professor was in search of φ . と書き換えることもできます。**in search of 〜** は，「**〜を探し求めて**」という熟語。文末の of が，関係代名詞の目的格 which の前に置かれたと考えましょう。

答11 彼は有名な小説家で，彼についてたくさんの本が出版されている。

⬜11 ⇒ ② whom

▶先行詞の novelist に補足説明を加えるために，Many books have been published about him. という文を利用して関係詞節を作った形です。文末の about him が，about whom というひとまとまりの関係詞に置き換えられたと考えましょう。

答12 彼女はもはやかつての彼女ではない。

⬜12 ⇒ ③ what

▶ **what 〜 used to be** や **what 〜 was** は「**昔の〜**」という意味の，先行詞を含んだ関係代名詞 what を使った慣用表現。「**今の〜**」という意味を表すには，**what 〜 is** を使うことにも注意しましょう。who(m) や that を使う場合には She is no longer the person who(m)[that] she used to be. のように先行詞が必要となるため，②や④を選ぶことはできません。

Lesson **05** 関係詞

83

□ **13** This is the reason ⬜13 prevents him from becoming a member of the society.

① by which ② for which
③ which ④ why

〔中部大（工）〕

◆難 □ **14** The boy ⬜14 I thought was honest deceived me.

① what ② whoever
③ whom ④ who

〔日本大（文理‐人文）〕

□ **15** ⬜15 fast I walked, I couldn't catch up with him.

① As ② However
③ If ④ Though

〔京都産業大（理）〕

□ **16** The problem is not what you did but ⬜16 you did it.

① as ② how
③ what ④ who

〔京都産業大（理）〕

□ **17** It was cold, and ⬜17 was worse, it began to rain.

① but ② that
③ what ④ whatever

〔北海学園大（経済）〕

頻出 □ **18** When David met a poor girl on the street, he gave her ⬜18 little money he had.

① that ② what
③ which ④ whom

〔学習院女子大（国際文化交流）〕

答13 こういうわけで，彼はその会のメンバーになれないのです。
13 ⇒③ which
▶ the reason という先行詞に惑わされないように注意しましょう。ここでは，空所の後ろには動詞が続いているので，関係代名詞の主格の③ which が正解です。

答14 私が正直だと思った少年が私をだました。
14 ⇒④ who

▶ think などの that 節をとる動詞を使った節は，関係代名詞の主格と後ろに続く動詞の間に挿入できます。ここでは，I thought が主格の関係代名詞の後ろに挿入されていると考えて，④ who を選びましょう。

答15 私がどんなに速く歩こうとも，彼には追いつけなかった。
15 ⇒② However
▶ however 形容詞 [副詞] S (may) V は，「どんなに…に S が V しようとも」という意味の重要表現。英作文などで誤って，However I walked fast としないように，語順によく注意しましょう。

答16 問題なのはあなたが何をしたかではなく，そのやり方だ。
16 ⇒② how
きそ ▶ how S V は「S が V する方法」という意味で，the way S V にも書き換えることができます。the way how S V とはしないで，the way か how のどちらかを必ず省略することに注意しましょう。また，not A but B は「A ではなく B」という意味の重要表現。

答17 寒かった，さらに悪いことには，雨が降り始めた。
17 ⇒③ what
▶ what is worse は「さらに悪いことには」という意味の，関係代名詞の what を使った熟語表現。反対語は what is better で，「さらによいことには」という意味です。どちらも副詞句となる表現です。文中の他の動詞の時制に合わせて，ここでは過去形の was となっています。

答18 デイビッドが道で貧しい少女に出会ったとき，彼は自分が持っているなけなしのお金を彼女にあげた。
18 ⇒② what
▶ what little 不可算名詞 ..... や what few 可算名詞 ..... は，「(少ないけれど) ..... なありったけの〜」という意味です。little や few は省略されることもあるので注意しましょう。

☐ 19 This is ⬚19 you have to do now.

① all   ② only
③ that   ④ which

〔日本大（文理－人文）〕

頻出 ☐ 20 Next to the striking of fire and the discovery of the wheel, the greatest triumph of ⬚20 civilization was the domestication of the human male.

① what we call   ② how we call
③ which is called   ④ that called

〔同志社大（文）〕

問 2：次の英文の下線部のうち，誤った英語表現を含む番号を選べ。

☐ 21 It was not ①which the boss said ②that made me angry, but ③the way he said ④it.

誤り= ⬚21   〔愛知学院大（文）〕

☐ 22 ①Judging from what he said, I don't think he has made ②a good impression ③on the manager of the company ④which he works.

誤り= ⬚22   〔上智短大〈改〉〕

☐ 23 Jane ①used to take tourists ②through the castle ③that she had lived ④until she died in 1956.

誤り= ⬚23   〔駿河台大（法）〈改〉〕

Answers

答19 これが今，あなたがしなくてはならないすべてだ。

    19 ⇒① all

⚠️ ▶空所の前に先行詞がないということを手がかりに答えを選びましょう。all という単語は代名詞として使われるので，ここでは先行詞となり，目的格の that が後ろに省略されていると考えましょう。なお，この文は「あなたはこれをしさえすれば良い」と訳すこともできます。

答20 火を起こしたこと，そして車輪を発見したことに次いで，いわゆる文明と呼ばれるものが勝ち取った最大の勝利は，人間の男性が家庭的になったことであった。

    20 ⇒① what we call

▶ **what we call ～** は「**いわゆる～**」という意味の，関係代名詞の what を使った慣用表現。**what is called ～** や **so-called ～** にも書き換えることができます。

Lesson 05 関係詞

答21 私を怒らせたのは上司の言ったことではなく，その言い方だった。

    21 ⇒① which → what

▶全体は強調構文で，It was not A but B that made me angry. (私を怒らせたのは A ではなく B だった。) という形の but B にあたる部分が文の最後に移動したものです。A にあたる部分には先行詞がないので，the thing(s) which の意味を表す関係代名詞 what を使う必要があります。

答22 彼が言ったことから判断すると，彼は働いている会社の支配人に良い印象を与えているとは思わない。

    22 ⇒④ which → where[for which, at which]

きそ ▶ which を先行詞の the company に置き換えて考えると，he works the company という誤った形になることがわかります。the company は場所を表す先行詞なので，④ which を where に訂正しましょう。また，for which や at which などにすることもできます。

答23 ジェーンは 1956 年に死ぬまで観光客を自分の住んでいた城へ連れていったものだった。

    23 ⇒③ that → in which[where]

きそ ▶関係代名詞の目的格の後ろには，必ず不完全な文が続きます。ここでは，lived という自動詞が後ろに続いているので，本来は the castle that she had lived in とならなければなりません。この in を関係代名詞の目的格の前に移動して，③ that を in which に訂正しましょう。関係代名詞の that の前には，前置詞を置けないことも覚えておきましょう。

問3：日本文に合う英文になるように選択肢の語を並べ替え，空所に入るものを選べ。

□24 もしお時間があれば，あなたと話し合いたいことがあるのですが。

If you have time, _____ | 24 | _____ _____ _____ _____ | 25 |

_____ you.

① I　　② something　③ I'd　　④ discuss

⑤ with　⑥ have　　⑦ to　　⑧ like

〔関東学院大（工）〕

□25 そのことを熟知していない者は発言を慎んでもらいたい。

_____ _____ | 26 | _____ _____ _____ | 27 | _____ .

① about it　② those　③ their tongues④ who

⑤ should　⑥ little　⑦ know　⑧ hold　〔龍谷大〕

頻出□26 いくら早くやっても，彼はいつも私のことを非難する。

_____ _____ | 28 | _____ _____ | 29 | _____ , he always blames me.

① do　② how　③ I　④ it

⑤ matter　⑥ no　⑦ quickly　〔札幌学院大（経）〕

難□27 あなたが最高だと思う話の中からいくつかを選んでください。（1語不要）

Try to select some of _____ | 30 | _____ _____ | 31 | _____ the best.

① among　② are　③ them　④ think

⑤ you　⑥ which　⑦ those stories　〔日本大（理工）〕

□28 勇気というのは，人々が持っているべきとされる性質である。恐らく，そういうわけでわれわれはそれを持たない人々を尊敬しないのだろう。

Courage is a quality that people are expected to have. Perhaps that is the reason _____ _____ _____ | 32 | _____ _____ | 33 | _____ .

① it　② those　③ don't respect ④ we

⑤ who　⑥ don't have　⑦ why

〔センター試験（追）〕

Answers

答24 If you have time, I **have** something I'd like to **discuss** with you.

$\boxed{24} \Rightarrow ⑥$　$\boxed{25} \Rightarrow ④$　(1-**6**-2-3-8-7-4-5)

▶ まず目につくのは I'd[I would] like to **V**（私は **V** したい）のつながりですが，この形で始めると I と have が余るので，I have something の後に関係詞節を続ける形にします。something の後に関係代名詞の目的格 which を補って考えると良いでしょう。

答25 Those who **know** little about it should **hold** their tongues.

$\boxed{26} \Rightarrow ⑦$　$\boxed{27} \Rightarrow ⑧$　(2-4-**7**-6-1-5-**8**-3)

⚠ ▶ **those who V** は，「**V** する人々」という意味の慣用表現。**hold one's tongue** は，「黙っておく」という意味の熟語です。

答26 No matter **how** quickly I **do** it, he always blames me.

$\boxed{28} \Rightarrow ②$　$\boxed{29} \Rightarrow ①$　(6-5-**2**-7-3-**1**-4)

▶ **no matter how** 形容詞［副詞］**S (may) V** は「どんなに…に **S** が **V** しようと」という意味の，譲歩を表す表現。**however** 形容詞［副詞］**S (may) V** にも書き換えることがあります。

答27 Try to select some of those stories **which** you think **are** among the best.

$\boxed{30} \Rightarrow ⑥$　$\boxed{31} \Rightarrow ②$　(7-**6**-5-4-**2**-1)　不要＝③ them

▶ 関係代名詞の主格と後ろに続く動詞の間に，think などの that 節をとる動詞の節が挿入されることがあります。ここでは，you think という節が関係代名詞の主格 which と are という動詞の間に挿入されていると考えましょう。

答28 Courage is a quality that people are expected to have. Perhaps that is the reason why we don't respect **those** who **don't have** it.

$\boxed{32} \Rightarrow ②$　$\boxed{33} \Rightarrow ⑥$　(7-4-3-**2**-5-**6**-1)

▶ the reason の後ろに完全な文が続く場合は，関係副詞の why を使います。the reason と why のいずれかを省略することもできるのでしたね。また，ここでは，**those who V**（**V** する人々）という慣用表現も問われています。**those** は「人々（＝ **the people**）」という意味でも使われることのある代名詞で，先行詞になることができます。

Lesson
05
関係詞

REVIEW

このレッスンでは，関係詞の基本から応用的な表現について学習しました。繰り返しになりますが，本書の英文を，何度も付属の音声をまねして，声に出して練習することで，新しい表現も自分のものにしていきましょう。音読をする時には，ただ声を出すのではなく，内容をイメージして意味を理解したうえで読むことが大切です。

仮定法

🔊 LV4 Lesson06

現在・過去・未来において，起こる可能性が極めて低い物事を仮定する場合に使われるのが仮定法。仮定法の基本から覚えておきたい表現までを確認していきましょう。

● 仮定法の用法 ●
---

①現在のことに対する仮定（仮定法過去）

If S_1 V_{1p}, S_2 would V_2.

＝もしも S_1 が V_1 するならば，S_2 は V_2 するだろう。

例 If I won the lottery, I would buy a new car.
　　　現在のこと　　　　　　　　　現在のこと
（もし宝くじに当たったら，私は新しい車を買うだろう。）

- -

②過去のことに対する仮定（仮定法過去完了）

If S_1 had V_{1pp}, S_2 would have V_{2pp}.

＝もしも S_1 が V_1 していたならば，S_2 は V_2 していただろう。

例 If I had studied more, I would have become a doctor.
　　　過去のこと　　　　　　　　　　過去のこと
（もしもっと勉強していたら，私は医者になっていただろう。）

- -

③未来に起こる可能性が全く[ほとんど]ないことを仮定
　（未来のことに対する仮定法）

If S_1 should V_1, S_2 would[will] V_2.

If S_1 were to V_1, S_2 would V_2.

＝万が一 S_1 が V_1 するならば，S_2 は V_2 するだろう。

例 If you should stop being late for meetings, I would buy you dinner.
（もしあなたが会議に遅れないようになったら，ディナーをおごるよ。
〈相手が間に合うわけがないと思っている〉）

例 If you were to be born again, what animal would you want to be?
（万が一生まれ変わるようなことがあれば，どの動物になりたいですか？）

※仮定法の文では基本的に，主節に would などの**助動詞の過去形**が使われることに注意。

1 as if の構文

> 問 Jane talked to her cat as if it ☐ her.
> ① is understood ② understood
> ③ was understanding ④ will understand
>
> 〔京都産業大(経・理・工・外)〕

as if [though] ..... は「……であるかのように」という意味の，仮定法を用いた重要表現。主節の動詞から見て，前の時点の場合には **as if[though] S had Vpp** (**S が V したかのように**)，同じ時点の場合には **as if[though] S Vp** (**S が V するかのように**) という形を使います。

ここでは，「ジェーンが話した」のと，「猫が彼女を理解するかのごとく」は同じ時点だと考えられるので，過去形の② understood を選びましょう。

答⇒② (訳：ジェーンは自分の言っていることが通じているかのように，自分の猫に話しかけた。)

2 提案・要求・主張・命令の動詞を使った文 (仮定法現在)

> 問 I proposed that the plan ☐ abolished.
> ① was ② be ③ had been ④ is
>
> 〔英検2級〕

提案・要求・主張・命令を表す動詞の**後ろに that 節**が置かれる場合，この that 節の中は，**S + should +原形動詞**，もしくは **S +原形動詞**のどちらかの形になります。述語動詞の時制や主語の人称にかかわらず，いずれの場合も原形動詞です。ここでは，propose (提案する) という動詞の後ろに that 節が続き，I proposed that the plan (should) be abolished. となるので，原形動詞の② be が正解。

答⇒② (訳：私はその計画をやめるように提案した。)

● 仮定法現在をとる動詞 ●

☐ **propose** ＝提案する

例 Ben proposed that we (should) start a volunteer activity for children.
(ベンは子どもたちのためのボランティア活動を始めようと提案した。)

....

☐ **demand** ＝要求する

例 The workers demanded that their salaries (should) be increased.
(労働者たちは給与を増やすよう要求した。)

....

☐ **insist** ＝主張する

例 Kevin insisted that I (should) apologize for my mistake.
(ケビンは私が自分の間違いについて謝罪すべきだと主張した。)

....

☐ **order** ＝命じる

例 The teacher ordered that the students (should) do their homework by next Monday.
(先生は生徒たちに来週の月曜日までに宿題をするように命じた。)

---

3 「〜がないならば」の表現

問 If it ☐☐☐☐ for your suggestion, he would have gone bankrupt.

① was not ② were not

③ has not been ④ had not been

　まずは，カンマ以降が would have **V**pp の仮定法過去完了の形になっていることから，前の If 節も仮定法の形をとることを見抜きましょう。仮定法を用いたさまざまな表現の中でも，「〜がないならば」に関する表現は最頻出です。**「現在〜がないならば」**という場合は **if it were not for 〜**，**「過去に〜がなかったならば」**という場合は **if it had not been for 〜** を使いましょう。

　ここでは「**過去に**あなたの提案がなかったら，**過去に**彼は破産していただろう」となることから，④ had not been が正解。

　答⇒④（訳：あなたの提案がなかったら，彼は破産していただろう。）

92

●━━「(現在)～がないならば」「(過去に)～がなかったならば」━━●

① 「(現在)～がないならば」

☐ If it were not for ～ [Were it not for ～]

= Without ～ / But for ～

例 If it were not for your advice ⎫
= Were it not for your advice ⎪
= Without your advice ⎬ , I wouldn't have passed the test.
= But for your advice ⎭

(あなたのアドバイスがなければ，私は試験に合格できなかっただろう。)

⇔ With ～   =～があるならば

例 With enough time, I could learn to swim.

(十分な時間があるならば，私は泳ぎ方を習うことができるだろう。)

② 「(過去に)～がなかったならば」

☐ If it had not been for ～ [Had it not been for ～]

= Without ～ / But for ～

例 If it had not been for her actions ⎫
= Had it not been for her actions ⎪
= Without her actions ⎬ , the accident could have been
= But for her actions ⎭ much worse.

(彼女の行動がなかったら，事故はずっとひどくなっていたかもしれなかった。)

⇔ With ～   =～があったならば

例 With more time, I could have completed the project.

(もっと時間があったならば，プロジェクトを完成させることができただろうに。)

問1：次の英文の空所に入れるのに最も適当なものを選べ。

☐ 1 If you were to fall from that bridge, it ☐1☐ almost impossible to rescue you.

① is   ② was

③ would be   ④ would have been   〔センター試験（追）〕

頻出 ☐ 2 I'm sorry to hear about your problem. But if you had taken my advice, you ☐2☐ in such trouble now.

① haven't been   ② would be

③ would have been   ④ wouldn't be

〔センター試験〕

☐ 3 "If I ☐3☐ you, I would not marry him," she said.

① were   ② had been

③ were to   ④ would be   〔関西外語大〈改〉〕

☐ 4 I don't know what I would do for relaxation, ☐4☐ for the innumerable detective stories.

① without   ② were it not

③ it were not   ④ with   〔聖学院大（政経）〕

難 ☐ 5 He wouldn't have to be out of work right now if he ☐5☐ from Harvard.

① graduated   ② is graduating

③ was graduating   ④ had graduated

〔関西外語大〕

☐ 6 You talk of him as if you ☐6☐ him personally.

① are known   ② had been known

③ knew   ④ were knowing

〔駒澤大（文）〕

答1 もしあなたがあの橋から落ちたら，救うことはほとんど不可能だろう。

> ☐1 ⇒ ③ would be

⚠️ ▶ **if S were to V** は「もし仮に S が V するのならば」という仮定の表現で，この形を受けるときには助動詞の **would** を使います。

答2 あなたの問題を聞いて，お気の毒に思います。しかし，もしあなたが私の忠告を聞いていたら，今頃そんなに困っていないでしょう。

> ☐2 ⇒ ④ wouldn't be

▶前半が仮定法過去完了だからといって，後半も常に would have V~pp~ の形とは限りません。ここでは，前半の内容が過去のことでも，now という副詞が示すように後半の内容は現在のことですから，④ wouldn't be を選びましょう。

Lesson
06
仮定法

答3 「もし私があなただったら，彼とは結婚しないだろう」と彼女は言った。

> ☐3 ⇒ ① were

▶現在の事実に反する仮定をする場合には，仮定法過去を使います。**if S₁ V₁p, S₂ would V₂** という形で，「もしも S₁ が V₁ するならば，S₂ は V₂ するだろう」という意味です。

答4 もし無数の推理小説がなかったならば，私は気晴らしに何をしたらよいかわからない。

> ☐4 ⇒ ② were it not

基礎 ▶「現在〜がないならば」という意味を表すには，**if it were not for 〜** や，if を省略した倒置の **were it not for 〜** という形が使われます。**without 〜** や **but for 〜** にも書き換えることができます。

答5 もしハーヴァードを卒業していたら，今頃彼は失業していなくて済んだのに。

> ☐5 ⇒ ④ had graduated

▶過去の事実に反する仮定をする場合には，仮定法過去完了を使います。**if S₁ had V₁pp, S₂ would have V₂pp** という形で，「もしも S₁ が V₁ していたならば，S₂ は V₂ していただろう」という意味です。ここでは主節が現在のことを述べているので，**S₂ would V₂** という形になっています。

答6 君はまるで彼を個人的に知っているかのように彼について話すね。

> ☐6 ⇒ ③ knew

▶ **as if[though] .....**（・・・・・であるかのように）という接続詞の後ろでは，主節と同じ時制であれば過去形，前の時制であれば過去完了形が使われます。ここでは，「彼について話す」のも，「彼を知っている」のも同じ時制だと考えられるので，過去形の ③ knew を選びましょう。ちなみに，know という動詞は状態を表しているので，進行形にすることはできません。

□ 7 I was very tired yesterday. Otherwise I [7] to the party with him.

   ① had gone   ② went

   ③ would go   ④ would have gone

〔東海大（政経）〕

難 □ 8 The athlete was standing so close to me that, [8], I could have reached out and touched her.

   ① had I tried   ② I had tried

   ③ I have tried   ④ I tried

〔北海学園大（経）〕

□ 9 [9] water from the Nile, Egypt would cease to be a farming country and become a desert.

   ① No   ② To stop

   ③ Without   ④ Except

〔名城大（商）〕

頻出 □ 10 John proposed that Mary [10] harder.

   ① study   ② studied

   ③ studies   ④ would study

〔京都外国語短大〕

□ 11 [11], we would have had a pleasant journey.

   ① If it had rained   ② If it did not rain

   ③ With the rain   ④ But for the rain

〔日本大（文理−人文）〕

□ 12 You have done very well, but you [12] better.

   ① could have done   ② will have done

   ③ could not have   ④ had

〔日本大（文理−人文）〕

答7 私は昨日とても疲れていた。さもなければ，彼と一緒にパーティーに行っていただろう。

　　　 7 ⇒④ would have gone

　　　▶ **otherwise** という副詞は，前の文を受けて「**さもなければ**」という意味で，if 節の代わりができます。ここでは，過去の事実に反する仮定で，otherwise は if I had not been very tired yesterday の意味で使われています。

答8 その運動選手は私のすぐそばに立っていたので，試そうと思えば，私は手を伸ばして彼女に触れたであろう。

　　　 8 ⇒① had I tried

　　　▶仮定法過去完了の if 節，**if S had V_{pp}（もしも S が V していたならば）**は，if を使わないで **had S V_{pp}** という倒置形で表すこともできます。ですから，この形にあてはまる① had I tried を選びましょう。

答9 ナイル川の水がなかったら，エジプトは農業国ではなくなり，砂漠となってしまうであろう。

　　　 9 ⇒③ Without

　きそ　▶ **without ～** という前置詞は，「**～がないならば［なかったならば］**」という意味で，仮定法の if 節の代わりをすることができます。**but for ～** にも書き換えることができます。

答10 ジョンはメアリーにもっと一生懸命勉強するように提案した。

　　　 10 ⇒① study

　　　▶ **propose（提案する）**のような，提案，要求，主張，命令を表す動詞の後ろに来る that 節では，主節の時制に関係なく should **V**，もしくは原形動詞を使わなくてはなりません。ここでは，should が省略されていると考えて，原形の① study を選びましょう。

答11 もしも雨が降らなかったら，私たちは楽しい旅行をしていただろう。

　　　 11 ⇒④ But for the rain

　　　▶「**現在～がないならば**」と言うときにも，「**過去に～がなかったならば**」と言うときにも，**without ～** や **but for ～** という形を，仮定法の if 節の代わりに使うことができます。ここでは，④ But for the rain を選びましょう。

答12 とてもよくできたけど，あなたはもっとよくできただろう。

　　　 12 ⇒① could have done

　　　▶ **could have V_{pp}** という形は，if なしでも「**V できていたであろう**」という過去の事実に対する推量の意味で使うことができます。ここでは，「もしももっと努力していたならば」というような内容が省略されていると考えましょう。

13 My boss has told me to work in the U.S. I wish I ⬜13⬜ English harder when I was in college.

  ① had studied   ② have been studying

  ③ have studied   ④ would study

〔千葉商大（商経－経）〕

14 If ⬜14⬜ your kind help, I might have missed the deadline.

  ① it wouldn't be for   ② it had not been for

  ③ I'm without   ④ you had spared me

〔英検2級〕

15 "I don't know whether to take that English course or not."
"If ⬜15⬜ you, I'd take it."

  ① I am   ② I will be

  ③ I had been   ④ I were

〔桃山学院大〕

16 If it ⬜16⬜ to rain, we would have to cancel the match tomorrow.

  ① is   ② were

  ③ has   ④ had

〔学習院大（文）〕

17 He would ⬜17⬜ my car by now if he had not become sick.

  ① repair   ② have repair

  ③ have repaired   ④ be repairing

〔大阪経大（経）〕

18 I wish I ⬜18⬜ back the clock and do it all over again.

  ① can turn   ② could turn

  ③ had turned   ④ have turned

〔中部大（工）〕

英語長文レベル別問題集 改訂版

シリーズ累計**140**万部のベストセラーがついに改訂！

＼ 圧倒的**速読力**を養成！／

中学レベルからの
やさしい演習！

やさしい長文で
基礎を固めよう！

入試標準レベルの
英文に慣れよう！

共通テスト＆中堅私大で
高得点をねらおう！

有名私大合格レベルの
得点力を身につける！

難関大入試に向けて
万全の固めをしよう！

【著】安河内哲也／大岩秀樹
【定価】レベル①〜④：900円＋税／レベル⑤〜⑥：1,000円＋税
【体裁】A5判／144〜192頁／3色刷

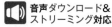 音声ダウンロード＆
ストリーミング対応

 音読練習用動画＆
リスニング動画付き

本シリーズの特長

1　中学レベルから最難関大学レベルまで,
自分に合ったレベルからスタートして段階的に実力アップ!

2　実際の入試で出題された良質な英文を厳選。
改訂にともない,最新の傾向に合ったテーマの英文を新規収録!

3　すべての問題文(英文)に音声&2種類の動画付き!
リーディング力とリスニング力を同時に強化!

志望校と本シリーズのレベル対照表

難易度	偏差値	志望校レベル		英検	本シリーズのレベル (目安)
		国公立大	私立大		
難 ↑	〜67	東京大, 京都大	国際基督教大, 慶應義塾大, 早稲田大	準1級	⑥最上級編
	66〜63	一橋大, 東京外国語大, 筑波大, 名古屋大, 大阪大, 北海道大, 東北大, 神戸大, 東京都立大, 大阪公立大	上智大, 明治大, 青山学院大, 立教大, 中央大, 同志社大		⑤上級編
	62〜60	お茶の水女子大, 横浜国立大, 九州大, 名古屋市立大, 千葉大, 京都府立大, 奈良女子大, 金沢大, 信州大, 広島大, 都留文科大	東京理科大, 法政大, 学習院大, 武蔵大, 中京大, 立命館大, 関西大, 成蹊大	2級	④中級編
	59〜57	茨城大, 埼玉大, 岡山大, 熊本大, 新潟大, 富山大, 静岡大, 滋賀大, 高崎経済大, 長野大, 山形大, 岐阜大, 三重大, 和歌山大	津田塾大, 関西学院大, 獨協大, 國學院大, 成城大, 南山大, 京都女子大, 駒澤大, 専修大, 東洋大, 日本女子大		
	56〜55	【共通テスト】, 宇都宮大, 広島市立大, 山口大, 徳島大, 愛媛大, 高知大, 長崎大, 福井大, 大分大, 鹿児島大, 福島大, 宮城大	玉川大, 東海大, 文教大, 立正大, 西南学院大, 近畿大, 東京女子大, 日本大, 龍谷大, 甲南大	準2級	③標準編
	54〜51	弘前大, 秋田大, 琉球大, 長崎県立大, 名桜大, 青森公立大, 石川県立大, 秋田県立大	亜細亜大, 大妻女子大, 大正大, 国士舘大, 東京経済大, 名城大, 福岡大, 杏林大, 白鷗大, 京都産業大, 創価大, 帝京大, 城西大		②初級編
	50〜	北見工業大, 室蘭工業大, 釧路公立大, 公立はこだて未来大, 水産大	大東文化大, 追手門学院大, 関東学院大, 桃山学院大, 九州産業大, 拓殖大, 摂南大, 沖縄国際大, 札幌大		
↓ 易	−	難関公立高校(高1・2生)	難関私立高校(高1・2生)	3級	①超基礎編
		一般公立高校 (中学基礎〜高校入門)	一般私立高校 (中学基礎〜高校入門)		

お問い合わせ　株式会社ナガセ　出版事業部(東進ブックス)
〒180-0003 東京都武蔵野市吉祥寺南町1-29-2
TEL:0422-70-7456 / FAX:0422-70-7457

答 13 私の上司は私に仕事でアメリカに行くように言った。私は大学の頃にもっと英語を勉強しておけばなあと思った。

[13] ⇒ ① had studied

⚠ ▶ I wish の後ろには，wish と同じ時制のときは過去形，前の時制のときは過去完了形が来ます。ここでは，「英語を勉強しておけばよかった」のは過去のことですから，過去完了形の① had studied を選びましょう。

答 14 もしあなたの親切な手助けがなかったら，私はその締め切りに間に合わなかったかもしれない。

[14] ⇒ ② it had not been for

▶「**過去に～がなかったならば**」という意味を表すときには，**if it had not been for ～**，もしくは **had it not been for ～** を使います。**without ～** や **but for ～** にも書き換えられます。

答 15 「あの英語の授業を取るべきかどうかわからないな。」「もし僕が君だったら，取るね。」

[15] ⇒ ④ I were

▶現在の事実に反する仮定を表すには，仮定法過去を使います。**if S₁ V₁ₚ, S₂ would V₂** で，「**もしも S₁ が V₁ するならば，S₂ は V₂ するだろう**」という意味です。would の代わりに，might，could，should も使うことができます。if I were you「私があなただったら」はよく使われる表現です。

答 16 明日，万一雨が降るようなら，試合を中止しなければならないだろう。

[16] ⇒ ② were

きそ ▶未来に起こる可能性の低い事柄の仮定をする場合には，**if S were to V** や **if S should V（万が一 S が V するのならば）** という形を使います。if S should V の場合には，主節には will を使っても would を使ってもいいですが，if S were to V の場合には，would しか使えないことに注意しましょう。

答 17 もし彼が病気になっていなかったら，今頃彼は私の車を直してくれていただろう。

[17] ⇒ ③ have repaired

▶過去の事実に反する仮定を表すには，仮定法過去完了を使いましょう。ここでは，if 節が後ろに来ていることに注意。by now は「今頃，現在までに」という意味の熟語なので，前半部分は「現在までには，彼は私の車の修理を終えているだろう」という意味になります。

答 18 時計を戻してもう一度やり直せたらなあ。

[18] ⇒ ② could turn

▶ I wish の後ろには，wish と同じ時制であれば過去形，前の時制であれば過去完了形が来ます。ここでは，同じ時制のことをいっているので，can の過去形 could を使った② could turn が正解。

19 Simon demanded that he [19] given his uncle's watch for his memory.

① is   ② has been

③ be   ④ had been

〔愛知工大(電子工・機械工・建築工)〕

20 It's about time you [20] a Shakespearian play.

① are seeing   ② saw

③ have seen   ④ will see

〔津田塾大(英文)〕

問2：次の英文の下線部のうち，誤った英語表現を含む番号を選べ。

21 Tom ①demanded that his sister ②returns the key ③to his car ④by tonight.

誤り＝ [21] 〔慶大(看護医療)〕

22 ①If ②I would have been there, ③I certainly would have ④taken care of the problem ⑤in a hurry.

誤り＝ [22] 〔四天王寺国際仏教大(文)〕

23 ①If Mary had not ②attended the meeting, ③she would never ④meet her old friend ⑤whom she had not ⑥seen for years.

誤り＝ [23] 〔日本女子大(文)〕

答19 サイモンは，思い出に彼の叔父さんの時計をくれるよう要求した。

19 ⇒③ be

⚠️ ▶ **demand**（**要求する**）のような，提案・要求・主張・命令を表す動詞に続く that 節では，**should V**，もしくは原形動詞を使わなければなりません。ここでは，be 動詞の原形の③ be を選びましょう。

答20 あなたももうシェイクスピアの芝居を見ても良い頃だ。

20 ⇒② saw

🟡 ▶ **It is (about[high]) time S V$_p$（S が V する時間だ）**の構文では，必ず過去形の節をとります。ここでは，② saw を選びましょう。

答21 姉が車の鍵を今夜までに返すようトムは要求した。

21 ⇒② returns → return

▶ **demand**（**要求する**）のような，提案・要求・主張・命令を表す動詞に続く that 節では，**should V**，もしくは原形動詞を使わなければなりません。ここでは demanded は過去形ですが，returned としてはならない点にも注意しましょう。

答22 もし私がそこにいたのなら，きっと急いでその問題を解決していたでしょう。

22 ⇒② I would have been there → I had been there

⚠️ ▶過去の事実に反する仮定を表すには，仮定法過去完了を使います。**if S$_1$ had V$_{1pp}$, S$_2$ would have V$_{2pp}$** で，「もしも S$_1$ が V$_1$ していたならば，S$_2$ は V$_2$ していただろう」という意味です。

答23 もしメアリーが会議に出席していなかったら，彼女は何年もの間会っていなかった古い友人に決して会うことはなかっただろう。

23 ⇒④ meet her old friend → have met her old friend

▶過去の事実に反する仮定を表すには，仮定法過去完了を使います。**if S$_1$ had V$_{1pp}$, S$_2$ would have V$_{2pp}$** で，「もしも S$_1$ が V$_1$ していたならば，S$_2$ は V$_2$ していただろう」という意味です。

問3：日本文に合う英文になるように選択肢の語を並べ替え，空所に入るものを選べ。

☐ **24** もう一度やっていたら彼は成功していただろう。

  [24] ____ ____ ____ [25] ____ ____ have succeeded.

  ① had   ② would   ③ he   ④ attempt
  ⑤ he   ⑥ another   ⑦ made

〔東海大（理・工）〕

頻出 ☐ **25** 彼はあたかもそれを聞いたかのように話した。

  He spoke ____ [26] ____ ____ [27] ____ ____ .

  ① if   ② it   ③ he   ④ as
  ⑤ heard   ⑥ had   ⑦ about

〔神戸学院大（法）〕

☐ **26** もっと毛糸があれば，あなたにもう1着セーターを編んであげられるのに。

  ____ ____ [28] ____ , ____ ____ [29] ____ ____ sweater.

  ① you   ② another   ③ more   ④ knit
  ⑤ I   ⑥ wool   ⑦ could   ⑧ with

〔松山大（法）〕

☐ **27** もっと早くお見舞いに伺えばよかったのに，と悔やんでおります。（1語補足）

  I ____ ____ [30] ____ ____ [31] ____ ____ .

  ① wish   ② I   ③ visited   ④ the
  ⑤ in   ⑥ you   ⑦ hospital   ⑧ sooner

〔日本工大（機械・電気）〈改〉〕

☐ **28** もしあなたの援助がなかったなら，私は事業に失敗していたことでしょう。

  Had ____ [32] ____ [33] ____ ____ , I would have failed
  in business.

  ① not   ② help   ③ been   ④ it
  ⑤ for   ⑥ your

〔関西学院大（経）〕

答 **24** **Had** he made another **attempt** he would have succeeded.
　　⎣24⎦⇒① ⎣25⎦⇒④ (**1**-3(5)-**7**-6-**4**-5(3)-2)
　　▶最後の2つに he would を入れると仮定法過去完了の主節の形になりますが，if がないので条件節を had **S₁ V₁pp**（もし **S₁** が **V₁** していたならば）の倒置形で表現します。「やってみる」は make an attempt という形を使います。

答 **25** He spoke as **if** he had **heard** about it.
　　⎣26⎦⇒① ⎣27⎦⇒⑤ (4-**1**-3-6-**5**-7-2)
　　▶ **as if[though] .....**（‥‥‥であるかのように）の後ろには，主節と同じ時制ならば過去形，主節よりも前の時制ならば過去完了形が来ます。

答 **26** With more **wool**, I could **knit** you another **sweater**.
　　⎣28⎦⇒⑥ ⎣29⎦⇒④ (8-3-**6**-5-**7**-4-1-2)
　　▶ **with 〜** は「〜があるならば［あったならば］」という意味で，仮定法の if 節の代わりをすることができます。with 〜 の反対の意味になるのは，**without 〜** や **but for 〜**（〜がないならば［なかったならば］）です。ここでは，knit という動詞が第4文型で使われていることにも注意しましょう。

答 **27** I wish I had **visited** you in **the** hospital sooner.
　　⎣30⎦⇒③ ⎣31⎦⇒④ (1-2-X-**3**-6-5-**4**-7-8) 補足＝had
　　▶ **I wish .....** の後ろに続く節は，wish と同じ時制ならば過去形，前の時制ならば過去完了形で表します。ここでは，前の時制の内容が来ているので，過去完了形の節を I wish の後ろに続けましょう。

答 **28** Had it **not** been **for** your help, I would have failed in business.
　　⎣32⎦⇒① ⎣33⎦⇒⑤ (4-**1**-3-**5**-6-2)
　　きそ ▶「過去に〜がなかったならば」という意味を表すときには，**if it had not been for 〜** を使います。if を省略した倒置の形，**had it not been for 〜** にも書き換えられます。また，**without 〜** や **but for 〜** に書き換えられることにも注意しましょう。

REVIEW

このレッスンでは，仮定法にまつわる表現をいくつか学習しました。仮定法の表現では，やはりその出来事や状況が現実とは異なっており，実現可能性が極めて低いような「仮定」のことであるという考え方が根本にあります。その部分を意識しながら練習してみると面白いでしょう。

■第1問 次の空所に入れるのに最も適当なものを選べ。

問1 This stone is ☐1☐ that one.
① twice as heavy as   ② twice as heavy than
③ as twice heavy as   ④ as heavy as twice

問2 My camera is ☐2☐ better than yours.
① much   ② more   ③ very   ④ further

問3 That was something he was at a loss to explain, ☐3☐ understand.
① much less   ② much more
③ no less than   ④ no more than

問4 You can come a little late to his birthday party, but by ☐4☐ a quarter of an hour.
① at least   ② at best
③ no more than   ④ no less than

問5 The firemen had trouble getting to the street ☐5☐ the houses were on fire.
① how   ② that   ③ where   ④ which

問6 John thought Tom was stupid, ☐6☐ he was not.
① who   ② whom   ③ which   ④ what

問7 Give this book to ☐7☐ wants to read it.
① anybody   ② nobody   ③ who   ④ whoever

問8 Don't put off till tomorrow ☐8☐ you can do today.
① that   ② what   ③ where   ④ why

問9 Nick ☐9☐ he could repair his car, but he was too busy.
① knew how to   ② knew if
③ knew how   ④ knew how that

問10 It's already eleven. It's high time you [10] in bed.
- ① are
- ② have been
- ③ were
- ④ will be

問11 If I had been more careful, I [11] such a mistake.
- ① may not make
- ② might not have made
- ③ might not been made
- ④ might not make

問12 If I were not busy, I [12] him now.
- ① could see
- ② see
- ③ can see
- ④ could have seen

問13 "Mary plays the piano at this time of the day."

"I wish Mary [13] the piano so loudly. It gives me a headache."
- ① can play
- ② can't play
- ③ isn't playing
- ④ wouldn't play

問14 [14], a better bridge could have been built.
- ① Had we had their assistance
- ② If it were not for their help
- ③ If they assisted us
- ④ Having had them help us

問15 There was an audience of fifty people [15] at his lecture.
- ① at most
- ② of best
- ③ in the least
- ④ for the worst

■第2問　次の英文の下線部のうち，誤った英語表現を含む番号を指摘せよ。

問16　16

①Even though Mariko ②lost the speech contest, she was ③still ④more better than many other contestants.

問17　17

When you ①reach Hong Kong, ②give this message to ③whoever ④come to meet you at the airport.

■第3問　下の選択肢を並べ替えて英文を完成させ，空所に入る番号を答えよ。

問18　I can't believe how cheaply you can buy Japanese computers in Los Angeles! If we'd bought this one in Tokyo, it ____ ____ ____
　　　18 ____ ____ ____ .

① as　　　② cost　　　③ have　　　④ much
⑤ three　　⑥ times　　　⑦ would

問19　If ____ ____ 19 ____ ____ your advice, he might have failed in his study.　（1語不要）

① for　　　② had　　　③ as　　　④ been
⑤ it　　　　⑥ not

問20　He was ____ ____ ____ 20 ____ ____ British actor.
　　　　　　　　　　　　　　　　　　　　　　　　（1語不要）

① other　　② a person　③ no　　　④ than
⑤ the　　　⑥ less　　　⑦ famous

解答用紙

第1問	問1	問2	問3	問4	問5
	問6	問7	問8	問9	問10
	問11	問12	問13	問14	問15
第2問	問16	問17			
第3問	問18	問19	問20		

解答へ→

04-06 中間テスト② 解答

ADVICE

比較はさまざまな構文があるので，問題を解きながらどんどん覚えてしまいましょう。関係詞や仮定法は理解しながら問題を解いていくこと。何となく答えを選ぶのではなく，選んだ根拠も言えるようにし，間違えた問題はどうして間違えたのかを，きちんと把握しておくことが大切です。比較や仮定法の書き換えもたくさんありますが，手で，口で，何回も繰り返して自分のものにしてしまいましょう。

解説

■第1問

問1：twice as ... as ～「～の2倍…だ」。

問2：比較を強調するには，much, far, even, still などを使います。

問3：否定するものを付け足すときには much less ～ を使います。

問4：no more than ～ は，ここでは「～を超えない (程度)」の意味。

問5：場所を表す the street が先行詞で，後ろに完全な文が続いているので，関係副詞の where を選びます。

問6：カンマ＋which は前の節の内容を先行詞とすることもでき，ここでは Tom was stupid の部分を先行詞としています。

問7：whoever **V** = anyone[anybody] who **V**「**V** する人は誰でも」。

問8：what ..... = the thing(s) which .....「・・・・・なこと，もの」。

問9：how **S V** = the way **S V**「**S** が **V** する方法」。

問10：it is (about[high]) time **S V$_p$**「**S** が **V** する時間だ」。

問11：過去の事実に反する仮定なので仮定法過去完了の形を使います。

問12：現在の事実に反する仮定なので仮定法過去の形を使います。

問13：I wish **S V$_p$**「**S** が **V** すればいいなあ」。

問14：if を使わない形。if **S** had **V$_{pp}$** = had **S V$_{pp}$**。

問15：at most で「多くても，せいぜい」の意味。

■第2問

問16：more better → better

比較級を強調するには much, far, still, even などを使います。good の比較級は better なので，more は不要です。

問17：come → comes

whoever は anyone who の意味なので，単数扱いとなり，come には3単現のsを付ける必要があります。

■第3問

問18：「7-3-2-5-6-1-4」が正解。「I can't believe how cheaply you can buy Japanese computers in Los Angeles! If we'd bought this one in Tokyo, it would have cost three times as much. (ロサンゼルスでは，日本製のコンピューターがなんて安く買えるんだろう！　もしこれを東京で買っていたら，3倍の値段だっただろう。)」となります。□ times as ... as 〜「〜の□倍…」の意。

問19：「5-2-6-4-1」が正解。「If it had not been for your advice, he might have failed in his study. (もしあなたの忠告がなかったならば，彼は研究に失敗していたかもしれないだろう。)」となります。if it had not been for 〜「〜がなかったならば」の意。

問20：「3-6-2-4-5-7」が正解。「He was no less a person than the famous British actor. (彼は他ならぬ英国の有名な俳優だった。)」となります。no less a person than 〜「他ならぬ〜，まさしく〜」の意。

解答

第1問	問1	①	問2	①	問3	①	問4	③	問5	③
	問6	③	問7	④	問8	②	問9	③	問10	③
	問11	②	問12	①	問13	④	問14	①	問15	①
第2問	問16	④	問17	④						
第3問	問18	⑤	問19	⑥	問20	④				

SCORE	1st TRY	2nd TRY	3rd TRY	CHECK YOUR LEVEL	▶ 0 ～ 12 点 ➡ *Work harder!*
	/20点	/20点	/20点		▶ 13 ～ 16 点 ➡ *OK!*
					▶ 17 ～ 20 点 ➡ *Way to go!*

英検で4技能をきたえよう

　英語の「4技能」と聞いて，皆さんは何のことだかわかりますか？　4技能とはリーディング，リスニング，ライティング，スピーキング，つまり「読む」「聴く」「書く」「話す」という4つの力のことを指しています。英語は机の上で学ぶだけの学問ではありません。実社会では英語を使ってコミュニケーションをとることが求められます。

　これらの英語の能力をバランス良く測定し，級にして証明できるのが「実用英語技能検定」通称，英検です。1級から5級までがあり，社会的評価の定着した英語の学力検定試験で，日本でも最大級の受験者数を誇ります。これから，就職や進学を目指す皆さんには必須の資格といえるでしょう。

　英検は，リーディングとリスニングに加え，与えられたテーマに基づいて英語で文を書くライティングのパートや，面接官と英語でやりとりをするスピーキングのパートもあることから，実社会で英語を使っていくための橋渡しになってくれます。

　現在では，大学入試においても英検が活用されるようになりました。大学側が定める英検の級やCSEスコアを持っていることが，出願の条件となったり，得点加算の対象となったりする場合があるということです。すでに行きたい学校が決まっている人は，大学のホームページなどで対象となる級やスコアを確認してみましょう。

　まずは自分に合った受験級を見極めて，直近の受験日程を調べて申し込んでみると良いでしょう。明確な目標ができると，より英語学習のモチベーションも上がるものです。英検に向けて学んだ英語は必ず皆さんの将来の役に立ってくれますよ。

LV4
STAGE-3

名詞・代名詞

🔊 LV4 Lesson07

> 簡単そうで意外にやっかいなのが，名詞や代名詞。名詞には，可算名詞，不可算名詞，抽象名詞などがあり，代名詞にも，it，one，that などさまざまな種類があります。それぞれのタイプの名詞や代名詞の使い方を一つ一つ着実に覚えていくことが，この分野をマスターする秘訣です。

1 指示代名詞

> 問 次の英文の下線部のうち，誤った英語表現を含む番号を選べ。
>
> ①<u>Although</u> he has ②<u>never</u> been to France, his accent is not ③<u>different</u> from ④<u>Frenchman</u>.
>
> 〔長崎大〕

　２つのものを比べる場合には，比べるものの種類を合わせなければなりません。ここでは，「彼のアクセント」と「フランス人のアクセント」を比較しているので，④ Frenchman を，the accent of a Frenchman に直せば種類は同じになりますが，１つの文の中に accent という名詞が反復していてしつこい印象になります。代わりに代名詞の that を使って，that of a Frenchman に訂正しましょう。このように，**the ＋単数名詞**の反復には **that** が，**the ＋複数名詞**の反復には **those** が使われます。

　答⇒④ Frenchman → that of a Frenchman[a Frenchman's]

　　（訳：彼は一度もフランスに行ったことがないが，彼のアクセントはフランス人のものと変わらない。）

2 不可算名詞

不可算名詞は，固有名詞を除けば，大きく３つに分けることができます。
それぞれの例や用法について確認しましょう。

①物質名詞

液体・気体・粉末状の物質や原料・素材など，**決まった形や区切りを持たないもの**。これらは，単位や容器を表す言葉を使うことで，量を数えることができます。

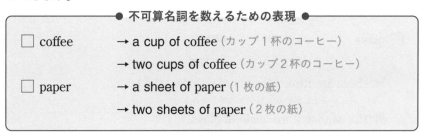

● 不可算名詞を数えるための表現 ●

☐ coffee → a cup of coffee（カップ１杯のコーヒー）
→ two cups of coffee（カップ２杯のコーヒー）
☐ paper → a sheet of paper（１枚の紙）
→ two sheets of paper（２枚の紙）

②抽象名詞

「知識」や「仕事」など，具体的な形を持たない抽象的な概念などを示すもの。

● 不可算名詞：抽象名詞 ●

☐ information ＝情報	☐ news ＝ニュース，知らせ
☐ work ＝仕事	☐ knowledge ＝知識
☐ advice ＝助言，忠告	

③総称を示す名詞

「Ｔシャツ」「ズボン」などを総称して「衣類」と言うように，あるグループ全体の総称を示すもの。

● 不可算名詞：総称を示す名詞 ●

☐ baggage[luggage] ＝（一般的な総体としての）荷物
☐ furniture ＝家具類
☐ machinery ＝機械類
☐ clothing ＝衣類

また，同じ名詞であっても，その言葉が指すものや意味によって可算名詞として使われるのか不可算名詞として使われるのかが変わる名詞もあります。**具体的な個々のモノを指す場合は可算名詞**になり，**素材や全体を指す場合は不可算名詞**になります。具体的な例を以下に示しますので，確認しておきましょう。ただ，これらに限らず可算・不可算の両方の意味を持つ名詞はたくさんあります。単語の意味を調べるときは，可算・不可算とその意味についても確認する習慣をつけましょう。

● 可算と不可算が変わる名詞 ●

☐ glass   ＝グラス   →**可算**

              ＝ガラス   →**不可算**

例 There are three glasses of water on the table.
（テーブルの上に水の入ったグラスが3つある。）

例 The windows are made of glass.
（その窓はガラスでできている。）

- -

☐ paper   ＝新聞   →**可算**

              ＝紙   →**不可算**

例 I read two evening papers every day.
（私は毎日2つの夕刊を読む。）

例 The gift is wrapped in paper.
（その贈り物は紙で包まれている。）

- -

☐ room   ＝部屋   →**可算**

              ＝余地，空間 →**不可算**

例 There are five rooms in our house.
（私たちの家には5つの部屋がある。）

例 There is enough room in the closet for winter blankets.
（クローゼットには冬用の毛布をしまうのに十分な空間がある。）

3 注意すべき不可算名詞

> 問 Daddy, do you have ☐ to do this summer?
>
> ① much work ② a lot of works
>
> ③ many works ④ plenty of works
>
> 〔獨協大(外)〕

2 の②で確認したとおり,「**仕事**」という意味の work は, **不可算名詞**として使われるのでしたね。このように, 日本語の感覚で考えると可算名詞のように思える不可算名詞は頻出なので, しっかり覚えておきましょう。「(**不可算名詞**) **が多い**」という場合には **much**,「(**可算名詞**) **が多い**」という場合には **many** が使われます。

Lesson

07

名詞・代名詞

答⇒① (訳:お父さん, 今年の夏は仕事が忙しいの。)

4 無生物主語構文

> 問 If he had attended the party, it would have encouraged them.
>
> = ☐ ☐ ☐ the party would have encouraged them.
>
> 〔北海学園大(経)〕

人間でないものが主語になって, 人間に影響を与えるような文のことを無生物主語構文といいます。例えば, The rain prevented him from going. は無生物主語構文ですが,「雨が彼が外出するのを妨げた」というように, 直訳すると変な日本語になることが多いのが特徴です。**主語を副詞的に, 目的語を主語的**に訳して,「雨のせいで彼は外出することができなかった」とすれば自然な日本語になります。

ここでは, attend の名詞形 attendance を主語にして, his (彼の) と場所を表す前置詞の at を加えると正解になります。「彼のパーティーへの出席が彼らを勇気づけていたであろう」という直訳では不自然なので, 主語の部分を副詞的に, 目的語を主語的に訳して,「彼がパーティーに出席していれば, 彼らは勇気づいただろう」とすれば自然な訳になります。

答⇒ His, attendance, at

(訳:彼がパーティーに出席していれば, 彼らは勇気づいただろう。)

問1：次の英文の空所に入れるのに最も適当なものを選べ。

頻出 □ 1　The police have arrested him, but he says that he has ⬚1⬚ to do with the crime.

① anything　　　　　　② everything

③ nothing　　　　　　④ something　　　　　　〔南山大（外）〕

□ 2　He bought a computer recently. I already have ⬚2⬚ .

① it　　　　　　　　　② some

③ one　　　　　　　　④ that　　　　　　　　〔摂南大（工）〕

□ 3　There are two important reasons for going to the university. You know one of them and I'll tell you ⬚3⬚ .

① others　　　　　　　② other

③ the other　　　　　　④ the others　　　　　　〔摂南大（工）〕

□ 4　He gave me ⬚4⬚ on what I should do in the case of an accident.

① a few advices　　　　② an advice

③ some advice　　　　　④ advise　　　　　〔流通科学大（商）〕

頻出 □ 5　The climate of Saitama is milder than ⬚5⬚ Hokkaido.

① it is　　　　　　　　② that is

③ that of　　　　　　　④ those of　　　　　〔日本工大（機械・電気）〕

難 □ 6　With the invention of agriculture, there was a ⬚6⬚ explosion, as it became possible to go on to a much higher level of production than before.

① bomb　　　　　　　② food

③ land　　　　　　　　④ population　　　　　〔中央大（商）〕

答1 警官は彼を捕まえたが，彼はその犯罪とは何の関係もないと言っている。

　　 1 ⇒③ nothing

▶ **have nothing to do with ～** は，「〜とは何の関係もない」という意味の熟語表現。ちなみに，**have something to do with ～** は「〜と何らかの関係がある」，**have much to do with ～** は「〜と大いに関係がある」，**have little to do with ～** は「〜とほとんど関係がない」という意味です。

答2 彼は，最近コンピューターを買った。私はすでに持っている。

　　 2 ⇒③ one

▶他にもある中で「ある１つの〜」という場合は **a[an]**，前後の文脈からそれしかない「例のあの〜」という場合は **the** を名詞に付けます。ここでは，他にもあるコンピューターの中で，１台を持っているという意味で，a computer が空所に入りますが，a ＋名詞の反復を避けるために，one が使われます。

答3 大学に行くのには２つの大切な理由がある。あなたはそのうち１つは知っているから，私がもう１つを教えよう。

　　 3 ⇒③ the other

きそ ▶「２つのものの中でもう１つ」という場合は，**the other**，another は「他にもまだある中でもう１つ」，**others** は「他にもいろいろある中で複数のもの」，**the others** は「最後に残った複数のものすべて」の意味です。

答4 事故が起こった場合，私は何をすべきかを彼は少し助言してくれた。

　　 4 ⇒③ some advice

⚠ ▶ advice という名詞は不可算名詞なので，an や複数形の s を付けることはできません。このようなまぎらわしい不可算名詞には，他に information, furniture, baggage[luggage], news などがあります。

答5 埼玉の気候は，北海道の気候より穏やかだ。

　　 5 ⇒③ that of

⚠ ▶何かと何かを比較する場合には比較するものの種類を合わせなければなりません。ここでは，埼玉と北海道の「気候」を比べているわけですから，本来なら the climate of が入るはず。ただし，ここでは the climate の反復を避けて，that を使います。

答6 農業の発明により，以前よりはるかに高いレベルの生産に移ることが可能になったので，人口爆発が起こった。

　　 6 ⇒④ population

▶「農業の発明と共に生じた」のは，常識的に考えて「人口の増加」です。人口の急激な増加を，**population explosion**（人口爆発）といいます。

☐7 I don't like this scarf. Would you please show me ⬜7️⃣ ?

① other　　　　　　　② one

③ another　　　　　　④ something

〔京都外語大 (英米)〕

◆**☐8** Some voted for it; ⬜8️⃣ voted against it; the rest abstained from voting.

① other　　　　　　　② others

③ the other　　　　　④ the others

〔四天王寺国際仏教大〕

☐9 His farewell speech left a deep impression on ⬜9️⃣ present.

① that　　　　　　　② those

③ who　　　　　　　④ whom

〔拓殖大 (政経－経)〕

☐10 This lesson should be kept in ⬜🔟 .

① heart　　　　　　② memory

③ mind　　　　　　④ spirit

〔千葉商大 (経)〕

☐11 Those of us who are over fifty years old should get ⬜11️⃣ blood pressure checked regularly.

① his　　　　　　　② our

③ their　　　　　　④ your

〔京都産業大 (経営・法)〕

☐12 My sister got married in ⬜12️⃣ .

① teens　　　　　　② a teen

③ her teens　　　　④ the teens

〔四天王寺国際仏教大〕

答7 このスカーフは好きではありません。他のを見せていただけますか。

〔7〕⇒③ another

きそ ▶「他にもいろいろある中でもう1つ」という場合には，another という代名詞を使います。また，残りが1つしかない場合には，定冠詞の the を付けた the other という代名詞を使うことにも注意しましょう。

答8 賛成票を投ずる者もいれば，反対票を投ずる者もいた。残りは棄権した。

〔8〕⇒② others

▶ **some ....., others .....** は，「**·····な人もいれば，·····な人もいる**」という意味の慣用表現。この some や others は代名詞として使われていることに注意しましょう。

答9 彼の別れの言葉は，出席した人々に深い感動を残した。

〔9〕⇒② those

▶ **those** という単語は，代名詞として「**人々（= the people）**」の意味で使われることがあります。ここでは，present（出席している）という形容詞が後ろから those を修飾しています。**those present（出席者たち）**という表現で丸ごと覚えましょう。

答10 この教訓は覚えておくべきだ。

〔10〕⇒③ mind

▶ **keep ～ in mind** は，「**～を心にとどめる**」という意味の熟語表現。ここでは，「～」にあたる部分が主語になった受動態の形が使われています。

答11 私たちの中で50歳以上の者は定期的に血圧を測ってもらうべきだ。

〔11〕⇒③ their

きそ ▶ この文の主語は，us ではなく those です。**those** は「**人々（= the people）**」という意味の代名詞として使われているので，their で受けなければなりません。

答12 私の妹は10代で結婚した。

〔12〕⇒③ her teens

▶ 13歳から19歳までを，まとめて teens と表現することができます。「**13歳から19歳までに**」と言いたいときは **in one's teens**，「20代に」と言うときには in one's twenties，「30代に」は in one's thirties という熟語を使いましょう。

Lesson

07

名詞・代名詞

難 □ **13** They say the crowing of cocks in the evening is ☐13 of coming rain.

① mark   ② symbol

③ a news   ④ a sign

〔京都産業大 (理)〕

□ **14** The "b" in "climb" is a silent ☐14 .

① letter   ② word

③ term   ④ syllable

〔駒澤大 (経－経)〕

□ **15** He always works with all his ☐15 .

① would   ② should

③ could   ④ might

〔駒澤大 (経－経)〕

頻出 □ **16** There is no ☐16 for argument on that point.

① room   ② scope

③ agreement   ④ insistence

〔関西外語大〕

□ **17** Apple pie is Lisa's favorite ☐17 .

① desert   ② dessert

③ digest   ④ devices

〔英検2級〕

□ **18** She speaks Spanish, to say ☐18 of English.

① anything   ② everything

③ nothing   ④ something

〔千葉商大 (経)〕

答13 夕暮れにおんどりが鳴くのは雨がやってくる前兆だと言われている。

　　　 13 ⇒④ a sign

　　　▶ **sign** という名詞は「**標識，符号**」という意味に加えて，「**前兆，兆候**」という意味もあります。ここでは文脈から，「雨がやってくる前兆」という意味を捉えて，④ a sign を選びましょう。

答14 「climb」の中の「b」は黙字だ。

　　　 14 ⇒① letter

　　　▶ **letter** という単語は「**手紙**」という意味に加えて，「**文字**」という意味もあります。climb の b のように発音されない文字を「**黙字**」といって，英語では **silent letter** といいます。

答15 彼は常に力いっぱい働く。

　　　 15 ⇒④ might

　　　▶ **might** という単語は，助動詞として「**V するかもしれない**」という意味で使われることが多いですが，ここでは「**力**」という名詞の意味で使われています。his という所有格の代名詞の後ろですから，当然名詞が来ると推測して解いてみましょう。

答16 その点について，議論の余地はない。

　　　 16 ⇒① room

　　　▶ **room** という名詞は「**部屋**」という意味に加えて，「**余地**」という意味を持っている多義語です。**There is no room for ～**（**～の余地はない**）という表現で覚えてしまいましょう。

答17 アップルパイはリサの大好きなデザートだ。

　　　 17 ⇒② dessert

　　　⚠ ▶似たようなつづりにだまされないように注意しましょう。「**食後のデザート**」は ② **dessert** が正解。① **desert** は名詞では「**砂漠**」，動詞では「**見捨てる**」という意味で，名詞のときには前に，動詞のときには後ろにアクセントがあります。

答18 彼女はスペイン語を話すし，英語は言うまでもない。

　　　 18 ⇒③ nothing

　　　⚠ ▶ **to say nothing of ～** は，「**～は言うまでもなく**」という意味の熟語表現。同じ意味の熟語に，**not to mention ～** や **not to speak of ～** があります。

☐ 19 It is already more than sixty years since ☐ 19 ☐ ended.

① World War Second　　② the World Second War

③ World War II　　④ Second World War

〔拓殖大（工－情報工）〕

☐ 20 George promised to drop me a ☐ 20 ☐ when he gets to Chicago.

① call　　② phone

③ wire　　④ line

〔英検2級〕

問2：次の英文の下線部のうち，誤った英語表現を含む番号を選べ。

☐ 21 I ①suppose you are all asking ②yourself ③where we ④are going to take you.

誤り＝ ☐ 21 ☐　　〔日本大（理工）〕

頻出 ☐ 22 ①Just between ②you and ③I, these theories ④won't work.

誤り＝ ☐ 22 ☐　　〔名古屋外語大（外）〕

☐ 23 These cars are ①quite popular ②in Europe, but ③those ones ④are not.

誤り＝ ☐ 23 ☐　　〔東海大（文・工）〈改〉〕

答19 第2次世界大戦が終わってもう60年以上になる。
　　19 ⇒③ World War Ⅱ
　　▶「**第2次世界大戦**」を英語で表現したい場合には，**World War Ⅱ**，もしくは **the Second World War** のどちらかを使いましょう。

答20 ジョージはシカゴに着いたら私に手紙を書くことを約束した。
　　20 ⇒④ line
　きそ ▶ **drop 人 a line** は「一筆落とす」，つまり「**人に手紙を書く**」という意味の熟語表現。**line** という名詞には，「**列，仕事，せりふ，しわ**」などの意味もあることに注意しておきましょう。

答21 私たちが皆さんをどこへお連れするつもりなのかを，皆さん方全員が自問しておられることと思います。
　　21 ⇒② yourself → yourselves
　　▶「**自分自身に尋ねる**」は **ask oneself** ですが，ここでは主語の you が内容的に「あなたたち」という複数の意味を表すので，yourself ではなく yourselves（あなたたち自身）としなければなりません。

答22 ここだけの話だが，これらの仮説はうまくいかないだろう。
　　22 ⇒③ Ⅰ → me
　　▶ between のような前置詞の後ろに代名詞を置く場合には，目的格を使わなければなりません。ここでは，主格の I を目的格の me に訂正しましょう。you は主格も目的格も you なので，そのままで問題ありません。

答23 ヨーロッパではこれらの車は非常に人気があるが，それらの車はあまり人気がない。
　　23 ⇒③ those ones → those
　　▶代名詞で「**これらの〜**」，「**それらの〜**」という場合，×these ones, those ones という形は使わずに，**these, those** だけで表現することに注意しましょう。同じような形でも，**this one**, **that one** という表現は使うことができます。

問3：日本文に合う英文になるように選択肢の語を並べ替え，空所に入るものを選べ。

☐ **24** 私の PC は故障しているようだ。

It ＿＿＿ 24 ＿＿＿ 25 ＿＿＿ my PC.

① is 　　② seems 　　③ something 　　④ with

⑤ wrong

〔中央大（経済）〕

◆難 ☐ **25** 彼は人生の意義を真剣に考えた。

He ＿＿＿ 26 ＿＿＿ ＿＿＿ 27 ＿＿＿ ＿＿＿ of life.

① serious 　② some 　③ meaning 　④ the

⑤ thought 　⑥ to 　　⑦ gave

〔四天王寺国際仏教大短大部〕

☐ **26** 少し散歩してくれば，食欲も出てきますよ。(1語不要)

＿＿＿ 28 ＿＿＿ ＿＿＿ ＿＿＿ 29 ＿＿＿ appetite.

① will 　　② walk 　　③ give 　　④ if

⑤ little 　　⑥ a good 　⑦ you 　　⑧ a

〔金蘭短大〕

☐ **27** 今朝，お母さんの花瓶を割ってしまった。気づかないうちに代わりを買っておけるといいけれど。

I broke my mother's vase this morning. ＿＿＿ 30 ＿＿＿ ＿＿＿
31 ＿＿＿ she notices.

① another 　② can 　　③ hopefully 　④ before

⑤ get 　　　⑥ I

〔中京大〕

頻出 ☐ **28** 彼は，言うことと思っていることは別だ。

He ＿＿＿ ＿＿＿ 32 ＿＿＿ ＿＿＿ 33 .

① one 　　② and 　　③ thing 　　④ says

⑤ another 　⑥ means

〔北海学園大（経）〕

答24 It seems **something** is **wrong** with my PC.

　24 ⇒③　25 ⇒⑤　(2-**3**-1-**5**-4)

▶ **It seems (that) S V** で「**S が V するらしい［ように思われる］**」の意味です。また，**something is wrong with 〜** は「**〜の具合が悪い［故障している］**」で，something is the matter with 〜 とも書き換えられます。これらの形は頻出なので，丸暗記しておきましょう。

答25 He gave **some** serious thought **to** the meaning of life.

　26 ⇒②　27 ⇒⑥　(7-**2**-1-**5**-**6**-4-3)

▶ **give thought to 〜** は「**〜を考える**」という意味の，名詞を中心とする熟語表現。**consider 〜** にも書き換えることができます。thought を使った熟語表現には，他にも **on second thought**（もう一度考え直して）があります。

答26 A **little** walk will give **you** a good appetite.

　28 ⇒⑤　29 ⇒⑦　(8-**5**-2-1-**3**-**7**-6)　不要＝④ if

⚠ ▶「少しの散歩が，あなたに良い食欲を与えるだろう」と考えます。このような人間でないものが主語になって，人間に影響を与えるような文のことを「無生物主語構文」といいます。訳すとき，主語の部分を副詞的に，目的語の部分を主語的に表現するのが特徴です。

答27 I broke my mother's vase this morning. Hopefully I can get **another** before she notices.

　30 ⇒⑥　31 ⇒①　(**3**-**6**-2-5-1-4)

▶ 他にもまだあることを前提にしながら「**もう1つ**」と言うときには，**another** という代名詞を使います。残りがあと1つしかないと言う場合には，**the other** を使うことにも注意しましょう。

答28 He says one **thing** and means **another**.

　32 ⇒③　33 ⇒⑤　(4-1-**3**-2-6-**5**)

▶「何かと何かが違う」と言う場合には，one thing, another という代名詞を使って表します。これらの代名詞を使った表現では，**A is one thing, B is (quite) another**（**A と B は異なっている**）が頻出。**A is different from B** にも書き換えることができます。

REVIEW

可算名詞と不可算名詞は countable（＝数えられる）と uncountable（＝数えられない）の頭文字をとって，C と U と表されます。辞書で名詞を引いた時には，この C と U に着目してみましょう。名詞によっては可算名詞，不可算名詞の両方の用法を持ち，それぞれで異なる意味を持つものもあります。本書で出たものをまず覚えてしまい，その後は新しい不可算名詞に出会う度に少しずつ覚えていくと良いでしょう。

前置詞・接続詞

> 膨大な数が存在する前置詞や接続詞を使った表現も，試験で問われるものはある
> 程度絞られてくるので，問題を解きながらマスターしていきましょう。また，特
> に前置詞は問題を解くときだけではなく，普段英文を読むときにも絶えず意識し
> て吸収することが大切です。

1 前置詞 in の用法

問 I'll be back [＿＿＿] a few minutes.

① into   ② in   ③ before   ④ with

〔亜細亜大（経営）〕

　現在から未来へ向けての時間の経過を表すときには，in という前置詞を使います。この in のように，簡単に思える前置詞にもさまざまな意味があります。試験では前置詞の意外な意味が問われるので，単純に1つの意味だけを覚えるのではなく，多様な使い方をマスターする必要があります。

答⇒②（訳：私は，数分で戻ります。）

――――――――――● よく使われる前置詞 ●――――――――――

☐ **賛成を表す for**   ＝〜に賛成して

例 I am for this proposal. I believe it will work.
（私はこの提案に賛成です。うまくいくと思いますよ。）

☐ **反対を表す against**   ＝〜に反対して

例 He is against this proposal, so we need to persuade him.
（彼はこの提案に反対しているので，彼を説得する必要があります。）

☐ **着用を表す in**   ＝〜を着て

例 I am already in swimwear because we're going to the beach.
（海に行くので，私はもう水着を着ていますよ。）

☐ **差を表す by**   ＝〜差で

例 I missed getting a limited edition T-shirt by just 2 minutes.
（わずか2分の差で，限定版のTシャツを手に入れるのを逃した。）

□ **超越を表す beyond**　　　　＝〜を超えて，〜を過ぎて

　例 The situation went **beyond** our control.
　　（状況は私たちの制御を超えてしまった。[私たちは状況を制御できなくなってしまった。]）

□ **道具を表す with**　　　　＝〜を使って

　例 Japanese people always eat sushi **with** chopsticks.
　　（日本人はいつも箸ですしを食べる。）

2 that の慣用表現

問　I regard myself as fortunate in ☐ I have so many friends.

①how　　　　②that　　　　③what　　　　④which

〔京都産業大（理）〕

　that という接続詞は，さまざまな慣用表現を作ります。ここでは，**in that S V（S が V する点で）** という表現を使うと，前後の節をすんなりつなぐことができます。that を使った表現で，特に頻出のものをしっかりと頭に入れておきましょう。

答⇒②（訳：私にはたくさんの友達がいるという点で運がいいと思う。）

Lesson 08 前置詞・接続詞

●───── that の慣用表現 ─────●

□ now that **S V**　　　　＝今や S が V するので

　例 **Now that** I know the way to school, I won't get lost again.
　　（今や私は学校への道を知っているので，もう二度と迷子にならないだろう。）

□ there is no doubt that **S V** ＝ S が V することに疑いはない

　例 **There is no doubt that** Bill will arrive on time.
　　（ビルが時間通りに到着することに疑いはない。）

□ such (a[an]) ... 〜 that **S V** ＝非常に…な〜なので S は V する

　例 It was **such** a hot day **that** Kenji and I decided to go swimming.
　　（非常に暑い日だったので，ケンジと私は泳ぎに行くことにした。）

3 接続詞と前置詞の書き換え

> 問 Though he denied the rumor frequently, nobody believed him.
>
> = ☐ his frequent ☐ of the rumor, nobody believed him.
>
> 〔専修大（経－経）〕

接続詞の **though** や **although** は，though[although] **S V** で「**S が V するにもかかわらず（譲歩）**」の意味を表します。これに対して，**despite ～** や **in spite of ～** は，「**～にもかかわらず（譲歩）**」という意味で，後ろに名詞をとる前置詞です。ここではまず，deny という動詞を名詞の denial に書き換えてみましょう。そして，despite という前置詞を使えば，**接続詞＋ S V** を **前置詞＋名詞** という表現に書き換えることができます。似たようなパターンに，**while S V（S が V する間）** と **during ～（～の間）** の書き換えがあります。これらの表現も頻出なので，しっかりと覚えておきましょう。

答⇒ Despite, denial

（訳：彼はたびたびうわさを否定したが，誰も彼を信じなかった。
=彼がたびたびうわさを否定したにもかかわらず，誰も彼を信じなかった。）

4 接続詞 and, or, but を使った慣用表現

接続詞の and, or, but は,「語と語」「句と句」「節と節」「文と文」のように,2つ以上のものを対等な関係で結び付けることができます。これらを使った慣用表現を学習しましょう。

```
●──── 接続詞 and, or, but の慣用表現 ────●

☐ both A and B              = A と B の両方
  例 Both the white and the striped shirts are on sale.
    （白いシャツとストライプのシャツの両方がセール中だ。）
......................................................................
☐ either A or B             = A か B のどちらか
  例 Either cheesecake or fruitcake is fine for dessert.
    （デザートには, チーズケーキかフルーツケーキのどちらかが良い。）
......................................................................
☐ neither A nor B           = A も B もどちらも～でない
  例 Neither Tom nor I knew the answer.
    （トムも私もその答えを知らなかった。）
    ※ neither A nor B のときは, or ではなく nor を使います。
......................................................................
☐ not A but B               = A でなくて B
  例 It's not the quantity but the quality that matters.
    （重要なのは量ではなく品質だ。）
......................................................................
☐ not only A but also B     = A だけでなく B も
  例 He is not only a writer but also a scientist.
    （彼は作家であるだけでなく, 科学者でもある。）
```

なお, either A or B [neither A nor B] や not only A but (also) B が主語になっている場合, 述語動詞の形は B に合わせるので注意しましょう。**動詞の直前の名詞に合わせる**と考えれば覚えやすいですね。

問1：次の英文の空所に入れるのに最も適当なものを選べ。

☐ 1 "You seem to have had that car for years." "Yes, I should sell it
  ☐1☐ it still runs."

   ① before   ② during
   ③ until   ④ while   〔センター試験（追）〕

[頻出] ☐ 2 It will be a long time ☐2☐ I can actually go on that trip to Europe
  because I must save up enough money first.

   ① after   ② before
   ③ that   ④ when

                                          〔慶大（経）〕

☐ 3 Even ☐3☐ Kate was upset about the accident, she still managed to
  carry on with her work.

   ① so   ② as
   ③ because   ④ though   〔九州産業大（商・工・芸術）〕

☐ 4 There can be no doubt ☐4☐ he is the best man for the position.

   ① that   ② about that
   ③ in that   ④ so that   〔成蹊大（工）〕

[難] ☐ 5 It's doubtful ☐5☐ we'll finish working in time for Christmas.

   ① how   ② if
   ③ when   ④ why

                                          〔中部大（工）〈改〉〕

[難] ☐ 6 My father doesn't seem to mind where he goes ☐6☐ he can get
  away from his work for a while.

   ① how   ② as long as
   ③ nor   ④ however   〔同志社大（商）〕

答1 「あなたは長年その車を持っているようですね。」「はい。まだ走るうちに売るべきですね。」

　　　1 ⇒ ④ while

　きそ ▶ while S V は「S が V する間」，もしくは「S が V する一方で」という意味で使うことができます。ここでは，「S が V する間」という意味で使われています。空所の後ろには節が来ているので，前置詞の② during は正解にはなりません。

答2 私はまず最初に十分なお金をためなければならないので，実際にあのヨーロッパ旅行に行けるまでにはだいぶ時間がかかるだろう。

　　　2 ⇒ ② before

　▶ **It will be 時間 before S V** は，「S が V するまで時間がかかる」という意味の重要表現。**It will not be long before S V**（間もなく S は V するだろう）という形が頻出です。before 以下は副詞節なので，未来のことでも現在形で書くこと。

答3 ケイトはその事故のことで気が動転していたが，それでもなんとか仕事を続けた。

　　　3 ⇒ ④ though

　▶ **even though S V** は，「たとえ S が V したとしても，S は V するけれども」という意味で，though S V よりも強い譲歩を表します。他の選択肢では文の意味が通らないので誤り。

答4 彼がその地位に最もふさわしい人だということには疑いの余地がありえない。

　　　4 ⇒ ① that

　▶ **There is no doubt that S V** は，「S が V することに**疑いはない**」という意味の重要構文。doubt は「疑い」という意味の名詞。

答5 クリスマスまでに仕事が終わるかどうか，疑わしい。

　　　5 ⇒ ② if

　▶ **if S V** は，副詞節として「S が V するならば」という意味で使われる場合と，名詞節として「S が V するかどうか」という意味で使われる場合があります。ここでは，名詞節として使われています。名詞節の if S V は，whether S V と同じ意味を持ちます。また，この問題における主語の it が形式主語であることにも注意しましょう。

答6 私の父は，少しの間仕事から離れることができさえすれば，行くところはどこでもよいように見える。

　　　6 ⇒ ② as long as

　▶ **as long as S V** という接続詞は，条件や期間を表して「S が V するならば，S が V する限り」という意味で使うことができます。よく似た as far as S V という接続詞は，程度や距離を表して「S が V する限り」という意味で使います。

Lesson **08** 前置詞・接続詞

□ **7** 　[7]　that I'm a college student, I'll read as many books as I can.

① Since 　　　　　　　② Now

③ For 　　　　　　　④ Except

〔千葉工大（機械・工化）〕

□ **8** 　The weather was getting worse and worse [8] the day went on.

① as 　　　　　　　　② for

③ that 　　　　　　　④ unless

〔中京大〕

□ **9** 　[9]　you should stop smoking is the biggest decision you have to make.

① If 　　　　　　　　② Unless

③ What 　　　　　　　④ Whether

〔学習院女子大（国際文化交）〕

頻出 □ **10** He fell asleep [10] his radio on.

① for 　　　　　　　　② in

③ while 　　　　　　　④ with

〔京都産業大（経・理・工・外）〈改〉〕

□ **11** Our doctor talks to me [11] a teacher talking to a child.

① as same as 　　　　② how

③ like 　　　　　　　④ similar as

〔センター試験〕

頻出 □ **12** The teacher took him [12] the arm and brought him to the principal's office.

① along 　　　　　　　② with

③ off 　　　　　　　　④ by

〔関西外語大〕

答7 今や私は大学生なんだから，できるだけ多くの本を読もう。

⬚7 ⇒② Now

⚠ ▶ **now that S V** という構文は，「**今や S が V するので**」という意味で，理由を表す副詞節を作ることができます。これと似た表現として，seeing that S V という構文があり，「**S V だから**」という意味を表します。

答8 時間が経つにつれて，天気はますます悪くなっていった。

⬚8 ⇒① as

きそ ▶ **as S V** という副詞節は，「**S が V するので (理由)，とき (時)，ように (様態)，につれて (比例)**」という４つの意味を表すことができます。この文のように，worse のような比較級や，go on のような進行を表す表現が使われているときには，「**S が V するにつれて (比例)**」の意味で解釈するのが普通です。

答9 喫煙をやめるべきかどうかは，あなたがしなければならない最大の決断だ。

⬚9 ⇒④ Whether

▶空所とその後ろに続く節が，主語の部分に来る名詞節を作っています。ここでは，「**S が V するかどうか**」という意味で名詞節として使うことができる，whether S V を選びましょう。また，**whether S V** が「**S が V しようとしまいと**」という意味で使われるときは副詞節です。

答10 彼はラジオをかけたまま眠ってしまった。

⬚10 ⇒④ with

▶前置詞 with は，with ＋名詞＋ ..... 「**〜を ..... な状態にして**」の形で，前の名詞を修飾することができます。..... には形容詞や分詞，「前置詞＋名詞」などが入ります。これを**付帯状況の with** といいます。ここでは ..... に「(ラジオなどが) かかって」という意味の形容詞 on が入っていて，「彼のラジオがかかった状態で」となっています。

答11 私たちの担当の医者は，子どもに話しかける先生のように私に話しかける。

⬚11 ⇒③ like

⚠ ▶空所の後ろには，分詞によって修飾されている名詞が来ているので，接続詞ではなく前置詞が入るとわかります。「**〜のように**」という様態を表す前置詞は，③ **like** です。

答12 先生は彼の腕をつかんで，校長室に連れてきた。

⬚12 ⇒④ by

▶人の体をつかむという場合には，「**つかむ 人 by the 体**」という形を使います。この「つかむ」という動詞の部分には，**take** や **hold**，**seize** などが来ます。また，人の体を見る場合には「**見る 人 in the 体**」，人の体をたたく場合には「**たたく 人 on the 体**」という形を使います。

Lesson

08

前置詞・接続詞

♦ 難 □ 13 Temperatures will fall [13] freezing tonight.

① into   ② under

③ down   ④ below

〔桃山学院大〕

□ 14 The store [14] the street from my apartment is open for 24 hours Sunday through Saturday.

① cross   ② crossed

③ crossing   ④ across

〔四天王寺国際仏教大〕

□ 15 Two people voted in favor of it and three voted [15] it.

① against   ② for

③ in   ④ on

〔中部大 (工) 〈改〉〕

□ 16 Columbia was named [16] Christopher Columbus.

① after   ② by

③ in   ④ on

〔中部大 (工)〕

□ 17 I was asked to write my name [17] ink.

① by   ② in

③ on   ④ at

〔中部大 (工・経営情報) 〈改〉〕

頻出 □ 18 [18] his many hours of study, he did not make much progress in German.

① Because of   ② Besides

③ Despite   ④ Instead of

〔センター試験〕

答13 気温は，今晩氷点下になるだろう。

　　 13 ⇒④ below

　　▶「氷点下」という意味を表すには，**below freezing** という熟語を使います。under を使わないことに注意しましょう。ちなみに，under は「真下」，もしくは「覆われている」感じを示すのに対して，below は「下の方全体」を示す前置詞です。

答14 私のアパートから通りを横切ったところにある店は，日曜から土曜まで24時間開いている。

　　 14 ⇒④ across

　　▶「〜を横切ったところに」という意味で使われる前置詞は **across** です。**cross** は「横切る」という動詞なので，ここでは使うことができません。

答15 2人が賛成に，3人が反対に投票した。

　　 15 ⇒① against

　　きそ ▶ **in favor of 〜** は，「〜に賛成して」という意味の前置詞句で，for に書き換えることもできます。ここでは，対義語の **against**（〜に反対して）という前置詞を空所に入れると，文の意味が通ります。

答16 コロンビアは，クリストファー・コロンブスにちなんで名前を付けられた。

　　 16 ⇒① after

　　▶「〜にちなんで，〜の名をとって」という意味を表すには，**after** という前置詞を使います。

答17 私は，名前をインクで書くように頼まれた。

　　 17 ⇒② in

　　▶ **in** という前置詞は，「インクで」というように，「**手段**」や「**材料**」を表すような意味で使われることもあります。

答18 何時間も勉強したにもかかわらず，彼はドイツ語がそれほど上達しなかった。

　　 18 ⇒③ Despite

　　▶ここでは，「何時間も勉強したにもかかわらず」という意味を文脈からつかんで，譲歩を表す前置詞の **despite 〜**（〜にもかかわらず）を選びましょう。**in spite of 〜** にも書き換えることができます。

☐ **19** This city is 1,600 meters ☐19 sea level.

   ① above   ② on

   ③ to   ④ up

〔京都産業大（経・理・工）〕

難 ☐ **20** I found most of the questions easy. But the last one was ☐20 me.

   ① beside   ② beyond

   ③ over   ④ out of

〔龍谷大（文・経営・理工・社）〕

問 2 ： 次の英文の下線部のうち，誤った英語表現を含む番号を選べ。

☐ **21** Kim is ①such a gentle girl ②as nobody ③would think ④of speaking ill of her.

   誤り＝ ☐21   〔駿河台大（法）〕

☐ **22** Professor Smith ①is popular ②along ③the students ④at the university.

   誤り＝ ☐22   〔桜美林大（経）〕

☐ **23** Joan, ①though she doesn't really need to, ②has been ③on a diet ④since three weeks.

   誤り＝ ☐23   〔獨協大（外）〕

答19 この市は海抜 1,600 メートルだ。

〔19〕⇒① above

▶「**海抜**」という意味を表現するには，**above sea level** という熟語を使います。ちなみに，**above** は「**離れて上の方にある**」感じを表す前置詞。このような前置詞を使った表現を，出会う度に覚えていくのと同時に，それぞれの前置詞のイメージも押さえていきましょう。

答20 ほとんどの問題は簡単だったが，最後の問題は手に負えなかった。

〔20〕⇒② beyond

▶能力の超越を表して「不可能である」という場合には，**beyond**（～を超えて，～を過ぎて）という前置詞を使います。

答21 キムはとても優しい女の子なので，彼女の悪口を言おうなどと考える者は誰もいないだろう。

〔21〕⇒② as → that

▶ **such (a[an]) ... ～ that S V** で「**非常に…な～なのでS は V する**」の意味を表します。such の後に as が続くケースもありますが，その場合の as は前置詞または関係代名詞であり，後ろに完全な文の形が続いているときは as は使えません。また，この構文は Kim is so gentle that ..... のように，形容詞のみを使った **so ... that S V**（非常に…なので S は V する）の形に言い換えることができます。

答22 スミス教授は大学で学生たちに人気がある。

〔22〕⇒② along → among[with]

▶ popular という形容詞は，**be popular among ～** や **be popular with ～**（～に**人気がある**）というように，among や with という前置詞をとります。ここでは，② along を among，または with に訂正しましょう。

答23 ジョーンは全く必要がないにもかかわらず，３週間前からダイエットしている。

〔23〕⇒④ since → for

（きそ）▶ **since** という前置詞は，「**～以来**」という意味で，現在完了形の後ろで**時の起点**を表します。ここでは，「３週間」という期間を表しているので，**期間を表す for** に訂正しましょう。

問3：日本文に合う英文になるように選択肢の語を並べ替え，空所に入るものを選べ。

☐ **24** 僕にわからないのは，彼が僕の申し出を断ったことだ。

What ＿＿＿ ☐24 ＿＿＿ ＿＿＿ ☐25 he refused my offer.

① is   ② that   ③ don't   ④ understand

⑤ I

〔流通経済大（経済）〕

◆難 ☐ **25** あなたは収入以上の暮らしをすべきでない。（1語不要）

You ＿＿＿ ＿＿＿ ☐26 ＿＿＿ ☐27 ＿＿＿ .

① beyond   ② live   ③ must   ④ not

⑤ on   ⑥ your   ⑦ income

〔摂南大（工）〕

☐ **26** あなたは海峡を泳いで横断するという彼女の計画に反対だろうか。

Are you ＿＿＿ ＿＿＿ ☐28 ＿＿＿ ＿＿＿ ☐29 ＿＿＿ ＿＿＿ ?

① to   ② the   ③ channel   ④ across

⑤ against   ⑥ her   ⑦ swim   ⑧ plan

〔名古屋外語大（英米）〕

☐ **27** 山荘に着くまでに彼女は完全に疲れ果てていた。

She was ＿＿＿ ＿＿＿ ☐30 ＿＿＿ ＿＿＿ ☐31 ＿＿＿ .

① the cottage   ② exhausted   ③ the time   ④ absolutely

⑤ reached   ⑥ by   ⑦ she

〔関西外語大〕

頻出 ☐ **28** 仕事が楽だろうときつかろうと，常に最善を尽くしなさい。

Always do your best ＿＿＿ ＿＿＿ ☐32 ＿＿＿ ＿＿＿ ☐33

＿＿＿ .

① the   ② heavy   ③ is   ④ or

⑤ light   ⑥ whether   ⑦ task

〔静岡理工科大〕

答24 What I **don't** understand is **that** he refused my offer.

[24] ⇒③　[25] ⇒②　(5-**3**-4-1-**2**)

▶文末に「?」がないので，what は関係代名詞と考えます。全体を **S is C** の形にして，**S** = what I don't understand（僕にわかること），**C** = that he refused my offer（彼が僕の申し出を断ったこと）とすれば，正しい文が完成します。that は名詞節を作る接続詞で，**that S V** は「**S が V すること**」の意味です。

答25 You must not **live** beyond **your** income.

[26] ⇒②　[27] ⇒⑥　(3-4-**2**-1-**6**-7)　不要＝⑤ on

▶ beyond という前置詞は，「~を超えて，~を過ぎて」といった能力の超越を表す意味を持ちます。ここでは，**live beyond one's income** で「**収入以上の生活をする**」という熟語として覚えておきましょう。

答26 Are you against her **plan** to swim **across** the channel?

[28] ⇒⑧　[29] ⇒④　(5-6-**8**-1-7-**4**-2-3)

▶「~に反対して」という意味を表すには，前置詞の **against** を使います。この against の対義語にあたるのが **for** で，**in favor of ~**（~に賛成して）という熟語にも書き換えることができます。また，**against** には「~を背景にして」や「~に寄りかかって」という意味があることにも注意しましょう。

答27 She was absolutely exhausted **by** the time she **reached** the cottage.

[30] ⇒⑥　[31] ⇒⑤　(4-2-**6**-3-7-**5**-1)

⚠ ▶ **by the time S V** は，「**S が V するまでに（……してしまう）**」という期限を表す接続詞。これと間違えやすいのが **until S V** や **till S V** で，これらは「**S が V するまでずっと（……している）**」という継続を表す場合に使われます。

答28 Always do your best whether the **task** is light **or** heavy.

[32] ⇒⑦　[33] ⇒④　(6-1-**7**-3-5-**4**-2)

▶ **whether S V** は，名詞節で使われる場合には「**S が V するかどうか**」，副詞節で使われる場合には「**S が V しようとしまいと**」という意味になります。また，この文のように後ろで **A or B** という2つのものが対比されているときには，「**A であろうと B であろうと**」と訳しましょう。

Lesson **08** 前置詞・接続詞

REVIEW

本書に掲載されている例文はもちろんですが，英語のドラマや映画を見てみて，どのような場面でどんな前置詞が使われているかということに着目してみるのも，それぞれの前置詞の持つ意味合いを理解するのに役立ちます。接続詞の使い方も，例文を何度も練習することでマスターしていきましょう。

ここでは，よく選択肢に並んで登場する類似形容詞の識別や，「ほとんど」の表現など，このレベルで問われるその他の文法事項をざっと確認してみましょう。まぎらわしいことをきちんと覚えているかどうかが，1～2点を争う試験では勝負になります。ここが頑張りどころです。

1 類似形容詞の識別

> 問　The tourists went back to their ☐ hotels.
> 　　① respectable　　　　② respectful
> 　　③ respective　　　　 ④ respecting
>
> 〔神奈川県立外語短大〕

respect（尊敬する）という動詞から派生した respectable（まともな，立派な），respectful（敬意に満ちた），respective（それぞれの）の区別は，入試超頻出です。ここでは，文脈から③ respective が正解だとわかります。

答⇒③（訳：旅行者たちは彼らのそれぞれのホテルに戻っていった。）

● よく出る類似単語 ●

☐ imaginable　　　　　　＝想像しうる
　例 I'm afraid of the worst imaginable case. （私は想像しうる最悪の事態を心配している。）

☐ imaginative　　　　　＝想像力豊かな
　例 Alice is an imaginative artist.　　　　（アリスは想像力豊かな芸術家だ。）

☐ imaginary　　　　　　＝架空の
　例 The unicorn is an imaginary animal.　　（ユニコーンは架空の動物だ。）

☐ literate　　　　　　　＝読み書きができる
　例 My two-year-old child is not literate. （私の2歳の子どもは読み書きができない。）

☐ literary　　　　　　　＝文学の
　例 My hobby is reading literary fiction. （私の趣味は文学小説を読むことだ。）

☐ literal　　　　　　　　＝文字どおりの
　例 He made a literal translation of "Hamlet" into Japanese.
　　　　　　（彼は『ハムレット』を日本語に文字どおり翻訳した［逐語訳した］。）

2 few と little

> 問　Very [＿＿] people live to be a hundred.
>
> ① few　　　② fewer　　　③ little　　　④ less
>
> 〔京都産業大（経営）〈改〉〕

　people という単語は，**persons** と同じで，可算名詞の複数形のように扱います。③ little は，「不可算名詞が少ない」というときに使う言葉で，可算名詞には使えません。ここでは，「可算名詞が少ない」というときに使う① few を選びましょう。比較級の強調に very は使えないので，② fewer，④ less は不可。

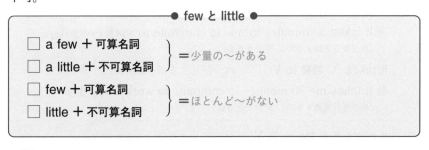

●── few と little ●──

☐ a few ＋ 可算名詞　　⎫
☐ a little ＋ 不可算名詞 ⎬ ＝少量の〜がある

☐ few ＋ 可算名詞　　⎫
☐ little ＋ 不可算名詞 ⎬ ＝ほとんど〜がない

答 ⇒① （訳：100 歳まで生きる人はほとんどいない。）

3 almost の用法

> 問　[＿＿] members are well-informed.
>
> ① Almost the　　　　　② The almost
>
> ③ Almost all the　　　④ Almost
>
> 〔福井工業大〈改〉〕

　almost という言葉は副詞なので，単独では名詞を修飾することができません。「ほとんどの〜」という意味で，almost を使って名詞を修飾したい場合には，all や every の助けを借りる必要があります。ここでは，③ Almost all the が正解です。

　また，most は most 〜 ，もしくは most of the 〜 で，「ほとんどの〜，〜のほとんど」という意味で使うことができます。

答 ⇒③ （訳：ほとんどすべての会員は大変学識がある。）

4 時間やお金を表す文

　時間がかかるというときに使われるのが take という動詞です。it takes 時間 for 〜 to V や it takes 〜 時間 to V（〜が V するのに時間がかかる）という表現もよく使われます。また，お金について述べる場合には take ではなく，cost という動詞が使われます。この場合も同様に，it costs お金 for 〜 to V や it costs 〜 お金 to V（〜が V するのにお金がかかる）のように言うことができます。cost は不規則変化をする動詞で，cost-cost-cost と活用されることにも気をつけましょう。

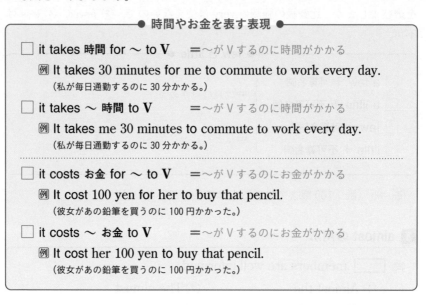

● 時間やお金を表す表現 ●

☐ it takes 時間 for 〜 to V　　＝〜が V するのに時間がかかる

　例 It takes 30 minutes for me to commute to work every day.
　　（私が毎日通勤するのに 30 分かかる。）

☐ it takes 〜 時間 to V　　＝〜が V するのに時間がかかる

　例 It takes me 30 minutes to commute to work every day.
　　（私が毎日通勤するのに 30 分かかる。）

☐ it costs お金 for 〜 to V　　＝〜が V するのにお金がかかる

　例 It cost 100 yen for her to buy that pencil.
　　（彼女があの鉛筆を買うのに 100 円かかった。）

☐ it costs 〜 お金 to V　　＝〜が V するのにお金がかかる

　例 It cost her 100 yen to buy that pencil.
　　（彼女があの鉛筆を買うのに 100 円かかった。）

5 部分否定と全否定

　部分否定は「すべてが ····· というわけではない」のように要素を部分的に否定するのに対して，全否定は「全く ····· ではない」のように要素全部を否定します。部分否定と全否定で使われる表現はたくさんあるので，その都度，部分否定なのか全否定なのか，意味合いと共に覚えていきましょう。

● 部分否定と全否定 ●

【部分否定】

例 Not all the students passed the final exam.

= Not every student passed the final exam.

= Not everyone in the class passed the final exam.

（すべての生徒［クラスの全員］が最終試験に合格したわけではない。）

→試験に合格した生徒と合格しなかった生徒がいる。

【全部否定】

例 No students passed the final exam.

= No one in the class passed the final exam.

（生徒［クラス］の誰もが最終試験に合格しなかった。）

→試験に合格した生徒は 1 人もいない。

....

【部分否定】

例 He doesn't always reply to my emails.

= He doesn't reply to my emails every time.

（彼は私のメールにいつも［毎回］返信をするわけではない。）

→返信をするときとしないときがある。

【全部否定】

例 He never replies to my emails.

= He doesn't reply to my emails at all.

（彼は私のメールに全く返信をしない。）

→返信を一度もしない。

問 1：次の英文の空所に入れるのに最も適当なものを選べ。

☐ **1** Bill has never kept his promises. He is the ☐1☐ person we can trust.

① first　　　　　　　② last
③ latter　　　　　　④ least

〔センター試験〕

頻出 ☐ **2** My wife usually doesn't drink coffee at night, and ☐2☐ .

① I do neither　　　　② I neither do
③ neither do I　　　　④ neither I do

〔センター試験〕

☐ **3** I don't understand why Tom made ☐3☐ in judgment.

① so big mistake　　　② so a big mistake
③ such big mistake　　④ such a big mistake

〔拓殖大 (政経 – 経)〕

☐ **4** You should be ☐4☐ to your parents.

① respectable　　　　② respectful
③ respecting　　　　④ respective

〔京都産業大 (経・理・工)〕

☐ **5** Can you imagine ☐5☐ the 22nd century will be like?

① that　　　　　　　② if
③ what　　　　　　　④ an advanced age

〔早大 (理工) 〈改〉〕

難 ☐ **6** ☐6☐ in three years?

① Do you think how tall my daughter will be
② Do you think how tall will my daughter be
③ How tall do you think my daughter will be
④ How tall do you think will my daughter be

〔千葉工大 (機械・工化)〕

答1　ビルは決して約束を守ったことがない。彼は最も信用できない人間だ。

　　　□1□ ⇒② last

　　　▶ **last** という形容詞は、「最後の」という意味だけでなく、後ろに不定詞の形容詞的用法や関係詞節を伴って、「**最も ‥‥‥ しそうにない〜**」という意味でも使われます。頻出ですので文ごと覚えておきましょう。

答2　私の妻は、夜は普通コーヒーを飲まないし、私もそうだ。

　　　□2□ ⇒③ neither do I

　　　▶ **neither 助動詞[be動詞]S** は、「**S もまたそうしない**」という意味の重要表現。I don't, either. とも書き換えられます。

答3　私はどうしてトムがそんなに大きな判断ミスを犯したのかわからない。

　　　□3□ ⇒④ such a big mistake

　　　きそ ▶ such という形容詞は **such a 形容詞 名詞**、so は **so 形容詞 a 名詞** という語順で使います。so と同じような語順で使う副詞に、**as、too、how** があります。

答4　両親には敬意を表するべきだ。

　　　□4□ ⇒② respectful

　　　▶ **respect**（尊敬する）という動詞から派生する、まぎらわしい形容詞を答えさせる問題です。① **respectable** は「まともな、立派な」、② **respectful** は「敬意に満ちた」、④ **respective** は「それぞれの」という意味。ここでは、文脈から考えて②respectful が正解です。

答5　22 世紀はどんな風だか想像ができますか。

　　　□5□ ⇒③ what

　　　▶「**〜はどのようなものか**」という意味を表現するには、**what is 〜 like?** という形を使います。ここでは間接疑問の形なので、**S V** の語順になります。この構文中の **like** は、「〜のような」という意味の前置詞として使われていることにも注意しましょう。

答6　3 年間で私の娘はどのくらい背が高くなると思いますか。

　　　□6□ ⇒③ How tall do you think my daughter will be

　　　▶ do you know という表現を使う場合には、**Do you know 疑問詞 S V ..... ?** という語順になります。これに対して、do you think という表現を使う場合には、疑問詞が前に出て、**疑問詞 do you think S V ..... ?** という語順になります。

Lesson

09

その他

☐ **7** This coffee is a bit too ☐ 7 . Let's add a little more water.

    ① black   ② dark

    ③ strong   ④ thick

〔京都産業大（経・理・工・外）〕

頻出 ☐ **8** All the events described in this story are ☐ 8 . They didn't really happen.

    ① imaginary   ② imaginable

    ③ images   ④ imagery

〔名古屋外語大（英米）〕

☐ **9** ☐ 9 nearly thirty years for the planet Saturn to complete one orbit.

    ① There is   ② It is

    ③ It takes   ④ To take it

〔東海大（工）〕

☐ **10** I have ☐ 10 free time tomorrow afternoon.

    ① few   ② a lot

    ③ a little   ④ many

〔聖マリアンナ医大〕

☐ **11** She didn't have ☐ 11 difficulty finding out the answer to the problem.

    ① most   ② much

    ③ some   ④ many

〔神戸女大〕

難 ☐ **12** It is ☐ 12 that this is the age of cars.

    ① not beside saying   ② too many to say

    ③ not far saying   ④ not too much to say

〔朝日大（経営）〈改〉〕

答7 このコーヒーはちょっと濃すぎる。もう少し水を足そう。

　　　7 ⇒③ strong

　　▶「コーヒーが濃い」という場合には strong,「コーヒーが薄い」という場合には weak という形容詞を使います。

答8 この話の中に書かれている出来事はすべて架空である。それらは本当には起こっていない。

　　　8 ⇒① imaginary

　　▶ **imagine（想像する）** という動詞から派生するまぎらわしい形容詞を見抜く問題。① **imaginary** は「**架空の**」,② **imaginable** は「**想像しうる**」という意味で,ここでは文脈から① imaginary が正解。この他にも,**imaginative（想像力豊かな）** といったものがあり,どれも重要です。また,③と④は名詞です。

答9 土星が軌道を一周するには 30 年近くかかる。

　　　9 ⇒③ It takes

　⚠️ ▶「時間がかかる」というときには,**it takes 時間 for ～ to V** や **it takes ～ 時間 to V（～が V するのに時間がかかる）** という表現を使います。また,takes を costs にすると,「**～が V するのにお金がかかる**」という表現になります。この 2 つは頻出の重要表現なので,例文や演習を通じて慣れておきましょう。

答10 私は明日の午後少し空き時間がある。

　　　10 ⇒③ a little

　　▶ time は不可算名詞なので,① few や ④ many を使うことはできません。② a lot は,**a lot of** という形にしなければならないので不可です。答えは,「**少しばかり**」という意味の③ **a little**。ちなみに,**little** は「**ほとんどない**」という否定的な意味です。

答11 彼女はその問題の答えを見つけるのにあまり苦労しなかった。

　　　11 ⇒② much

　　▶ **difficulty** は,「**苦労**」という意味の不可算名詞。否定文で使われて,「**あまり（・・・・・ない）**」という意味になるのは,② **much** です。

答12 今は車の時代だと言っても過言ではない。

　　　12 ⇒④ not too much to say

　　▶ **It is not too much to say that S V** は,「**S が V すると言っても過言ではない**」という意味の重要表現。**It is no exaggeration to say that S V** にも書き換えることができます。

□ **13**　I visit my grandparents twice ☐13 week.

　① a　　　　　　　　　② during a
　③ for the　　　　　　④ per the

〔桃山学院大（経済）〕

□ **14**　Eggs are sold by ☐14 dozen.

　① a　　　　　　　　　② the
　③ some　　　　　　　④ any

〔静岡県立大（国際関係）〕

□ **15**　☐15 people make up about 98 percent of the whole population.

　① Literal　　　　　　② Literary
　③ Literature　　　　　④ Literate

〔横浜市立大〕

□ **16**　Jane lent me ☐16 last week.

　① a her book　　　　② a book of her
　③ this book of her　④ this book of hers

〔日本工大（機械・電気電子）〕

頻出 □ **17**　☐17 people present were above forty.

　① Almost　　　　　　② Almost of the
　③ Most of　　　　　　④ Most of the

〔英検2級〕

難 □ **18**　☐18 teachers here can understand English well enough to talk easily with native speakers.

　① Only a few of　　　② Not all the
　③ Not every　　　　　④ Not all of

〔英検2級〕

Answers

答13 1週間に2度，私は祖父母を訪ねる。

13 ⇒① a

きそ ▶ a という単語は，後ろに week などの単位を表す言葉を伴って，「〜につき」という意味で使うことができます。per にも書き換えることができますが，④ per the は the が付いているので不可。

答14 卵は12個単位で売られている。

14 ⇒② the

▶「〜単位で」と言いたい場合には，**by the 単位** という表現を使います。例えば，**by the hour** なら「**時間単位で**」，**by the pound** なら「**ポンド単位で**」となります。

答15 読み書きができる人は，全人口の約98％を構成する。

15 ⇒④ Literate

▶類似形容詞の識別の問題です。**literal** は「**文字通りの**」，**literary** は「**文学の**」，**literate** は「**読み書きができる**」という意味。ここでは，文脈から④ Literate を選びましょう。なお，literature は「文学」の意味の名詞です。

答16 先週，ジェーンは私にこの彼女の本を貸してくれた。

16 ⇒④ this book of hers

⚠ ▶単純に「彼女の本」と言うときには，名詞の前に所有格の代名詞を置いて，her book と表します。対して，「この彼女の本」，「あの彼女の本」，「1冊の彼女の本」と言うときには，**this[that, a] 名詞 of 所有代名詞** という形にしなければなりません。

答17 そこにいた人々のほとんどは40歳を超えていた。

17 ⇒④ Most of the

▶ almost という副詞は，単独では名詞を修飾することができません。また，most of の後ろには，必ず冠詞の the や所有格の代名詞を伴う名詞が来て「〜のほとんど」という意味になります。ちなみに，冠詞などがない場合は，most 〜（ほとんどの〜）のように直接名詞を修飾することができます。

答18 ここの先生はみんなネイティブスピーカーと楽に話せるほど英語をよく理解できるというわけではない。

18 ⇒② Not all the

▶ a few of や all of などの後ろには，定冠詞や所有格を伴った名詞が来なければならないので①と④は不可。every の後ろには，単数が来るので③も不可。正解は，② Not all the です。**not all 〜** は，「**すべての〜が ‥‥ というわけではない**」という部分否定の意味であることにも注意しましょう。

Lesson
09
その他

149

☐ 19 Susan takes a private piano lesson ☐19☐ weekday; Mondays, Wednesdays, Fridays.

① every one   ② every other

③ every third   ④ day after

〔名古屋女子大〈文〉〕

◆難 ☐ 20 Never ☐20☐ such a scene.

① have I seen   ② I did see

③ I have seen   ④ have seen I

〔桃山学院大〕

問2：次の英文の下線部のうち，誤った英語表現を含む番号を選べ。

頻出 ☐ 21 Come ①and see me ②whenever ③you are convenient.

誤り＝ ☐21☐

〔福岡大〈工・薬〉〕

☐ 22 It ①has been ②a long time ③since we were here, ④isn't it?

誤り＝ ☐22☐

〔産能大〈改〉〕

頻出 ☐ 23 ①Hoping for an A ②in the course, Paul studied ③hardly for the final exam ④in history.

誤り＝ ☐23☐

〔長崎大〕

答19 スーザンはピアノの個人レッスンを平日1日おきに受けている。月曜日，水曜日，金曜日である。

19 ⇒ ② every other

きそ ▶ **every other day** は，「1日おきに」という意味の熟語表現。ここでは，day の代わりに **weekday**（月曜日から金曜日までの平日）が使われています。

答20 私はこのような景色を一度も見たことがない。

20 ⇒ ① have I seen

▶ never という否定的な副詞が，強調のため文頭に置かれると，後ろは疑問文のような倒置の形にしなければなりません。① have I seen が正解。この文は，I have never seen such a scene. にも書き換えることができます。

答21 あなたが都合の良いときにいつでも会いにいらっしゃい。

21 ⇒ ③ you are convenient → it is convenient for you

▶ convenient（都合が良い）という形容詞は，人間を主語にすることはできません。「〜にとって都合が良い」と言いたいときには，**it is convenient for[to] 〜** というように，状況の it を主語にしなくてはなりません。

答22 私たちがここに来てからずいぶん長くなりますね。

22 ⇒ ④ isn't it → hasn't it

▶ 付加疑問文に使う動詞や助動詞は，主文に合わせなければなりません。ここでは，主文で has が使われているので，④ isn't it を hasn't it に訂正しましょう。

答23 その科目でAを取りたいので，ポールは歴史の期末試験のために一生懸命勉強した。

23 ⇒ ③ hardly → hard

▶ **hardly** は「ほとんど〜ない」という意味の準否定語で，「**一生懸命に**」という意味の副詞は hard です。ここでは③ hardly を hard に訂正しましょう。

Lesson **09** その他

問3：日本文に合う英文になるように選択肢の語を並べ替え，空所に入るものを選べ。

☐ **24** コーヒーを飲みすぎたために，昨夜は眠れなかった。（1語不要）

____ | 24 | ____ ____ | 25 | ____ last night.

① coffee　　② me　　③ much　　④ for

⑤ kept　　⑥ too　　⑦ awake

〔愛知工大（電・機・建）〕

◆難 ☐ **25** 困ったことに彼は自分のことしか考えない。（1語不要）

____ | 26 | ____ ____ | 27 | ____ ____ himself.

① he　　② is　　③ of　　④ that

⑤ only　　⑥ thinks　　⑦ the trouble　　⑧ it

〔目白学園女子短大〕

☐ **26** あまりに眠くて目を開けていられないくらいでした。（1語不要）

I felt ____ ____ | 28 | ____ ____ | 29 | ____ my eyes open.

① sleepy　　② I　　③ too　　④ so

⑤ that　　⑥ keep　　⑦ hardly　　⑧ could

〔武庫川女子大（文）〕

☐ **27** 豪雨の中で車を運転するよりほか仕方がなかった。

I had ____ | 30 | ____ ____ | 31 | ____ in a heavy rain.

① but　　② drive　　③ no　　④ to

⑤ choice　　⑥ a car

〔阪南大（商－商）〕

☐ **28** 交通事故のない日は1日としてない。（1語不要）

____ | 32 | ____ ____ | 33 | ____ .

① a　　② without　　③ not　　④ even

⑤ day　　⑥ passes　　⑦ a traffic accident

〔東京理大（理－数・物・化）〕

答24 Too **much** coffee kept **me** awake last night.

⟨24⟩ ⇒ ③　⟨25⟩ ⇒ ②　(6-**3**-1-**5**-**2**-7)　不要＝④ for

▶ この文を直訳すると，「多すぎるコーヒーが，昨夜私を起きたままにしておいた」となりますが，日本語として不自然です。このような文を「無生物主語構文」といって，**主語を副詞的**に，**目的語を主語的**に訳すときれいな日本語になります。この日本語と英語とのギャップに注意しながら解答しましょう。

答25 The trouble **is** that he **thinks** only of himself.

⟨26⟩ ⇒ ②　⟨27⟩ ⇒ ⑥　(7-**2**-4-1-**6**-5-3)　不要＝⑧ it

▶ **the trouble is that S V** は，「**困ったことにSがVする**」という意味の重要構文。直訳すると，「困難は**S**が**V**することだ」となりますが，主語の部分を副詞的に訳すことによって，自然な日本語にすることができます。似たような構文に，**the fact is that S V（実際はSがVする）**があります。

答26 I felt so sleepy **that** I could **hardly** keep my eyes open.

⟨28⟩ ⇒ ⑤　⟨29⟩ ⇒ ⑦　(4-1-**5**-2-8-**7**-6)　不要＝③ too

きそ ▶ **so 形容詞［副詞］that S V** は「**非常に…なのでSはVする**」という意味の重要構文。また，**hardly** は「**ほとんど ‥‥‥ ない**」という意味の準否定語です。**keep O C（OをCのままにしておく）**という第5文型の用法にも注意して解答しましょう。

答27 I had no **choice** but to **drive** a car in a heavy rain.

⟨30⟩ ⇒ ⑤　⟨31⟩ ⇒ ②　(3-**5**-1-4-2-6)

▶ **have no choice but to V** は，「**VするしかないV**」という意味の熟語。この熟語の **but** は，「**～以外**」という意味で使われていることに特に注意しましょう。この表現は，**cannot help** Ving，**cannot help but V** にも書き換えることができます。

答28 Not **a** day passes **without** a traffic accident.

⟨32⟩ ⇒ ①　⟨33⟩ ⇒ ②　(3-1-**5**-6-**2**-7)　不要＝④ even

⚠ ▶ **not a ～** は名詞の前に置かれて，**no ～** と同じような意味になることもあります。この否定文と，**without ～（～がなくて，～がないならば）**という前置詞をうまく組み合わせて解答しましょう。

REVIEW

類似単語に関しても，単語と定義を一対一で丸暗記するのではなく，例文の中で覚えることで混同しづらくなるでしょう。英単語の暗記が苦手だというお悩みをよく耳にしますが，文脈に沿って覚えたものは記憶が定着しやすいです。また，音を使って発音も正しく覚えることで，リスニングやスピーキングでも聞こえる・使える単語として身に付きます。

動詞の語法

> 英語の動詞を勉強する際には，ただ意味を覚えるだけではなく，後ろに来る形や，状況に応じての使い分けを同時に覚えていくことが大切です。ここでは，さまざまな問題を解きながら，頻出の動詞の語法をきちんと整理していきましょう。以下で紹介するもの以外にもさまざまな動詞の語法が問題に出てくるので，演習を通じて例文を何度も復唱することで吸収していってください。

1 多義動詞

> 問 This room is too hot to study in. I can't ☐ it anymore.
> ① stand   ② sit   ③ set   ④ push
>
> 〔英検準2級〕

stand はもともと「立っている」という自動詞ですが，他動詞として目的語をとって「我慢する」という意味を表すこともできます。endure, tolerate, bear や，熟語の put up with にも書き換えることができます。

答⇒①（訳：この部屋は暑すぎて勉強できない。もうこれ以上我慢できない。）

● 意外な意味が問われる動詞 ●

☐ stand   ＝我慢する
例 I can't **stand** the heat this summer.
（今年の夏の暑さは我慢できない。）

....

☐ command   ＝（景色を）見渡せる
例 The hotel **commands** a beautiful view of the sea.
（そのホテルから美しい海の景色を見渡すことができる。）

....

☐ drive   ＝駆り立てる，追いやる
例 The recent recession **drove** my company into bankruptcy.
（最近の不況が私の会社を倒産に追い込んだ。[最近の不況によって，私の会社は倒産に追い込まれた。]）

....

☐ work   ＝（機械などが）うまく作動する
例 My old computer doesn't **work**.
（私の古いコンピューターはうまく作動しない。）

2 第2文型

> 問 The extra room ☐ very useful when we had guests.
> ① expected ② proved
> ③ found ④ lasted
>
> 〔神田外語大（英米）〕

　動詞の部分に空所が来ている問題では，意味だけではなく，後ろにどのような要素が続いているかを必ずチェックして解きましょう。ここでは，useful という形容詞が来ているので，**第2文型で直後に補語をとる**動詞に絞り込みます。答えは② proved です。第2文型で使われる代表的な動詞を確認しておきましょう。

　答⇒②（訳：その余分な部屋は客が来たときにとても役に立つことがわかった。）

● 第2文型で使われる動詞 ●

☐ prove (to be) **C**　　　　　＝結局Cであるとわかる
　= turn out (to be) **C**
　例 The suspect proved (to be) innocent.
　　（その容疑者は結局無実であるとわかった。）

☐ turn **C**　　　　　　　　　＝Cになる
　例 The milk turned sour.
　　（その牛乳は酸っぱくなった［腐った］。）

☐ go **C**　　　　　　　　　　＝Cになる（通例悪いこと）
　例 The banana went bad.
　　（そのバナナは腐った。）

☐ smell **C**　　　　　　　　　＝Cのにおいがする
　例 This bread smells delicious.
　　（このパンはおいしそうなにおいがする。）

☐ sound **C**　　　　　　　　　＝Cに聞こえる
　例 His proposal sounds attractive.
　　（彼の提案は魅力的に聞こえる。）

3 動詞 O to V

問　The rise in house prices ☐ him to sell his house at a big profit.

① directed　　② enabled　　③ handed　　④ got

〔津田塾大(英文)〕

空所の後ろには，目的語＋不定詞 が続いているので，そのような形をとる動詞に絞り込みます。**enable 〜 to V は「〜が V するのを可能にする」**，**get 〜 to V は「〜に V させる，してもらう」**という意味。ここでは，「住宅の価格の上昇」が「彼が家を売るのを可能にした」のですから，② enabled が答えです。このような目的語と不定詞の間には，問題文の「彼が売る」のように，**主語と述語の関係が成り立ちます。目的語＋不定詞の形をとる代表的な動詞**をまとめておきましょう。

答⇒②（訳：住宅の価格上昇のおかげで，彼は家を大きなもうけで売ることができた。）

● 目的語＋不定詞の形をとる動詞 ●

☐ ask 〜 to V　　　　　　　＝〜に V するのを頼む

例 She asked Jim to carry her bag.
（彼女はジムにかばんを運ぶのを頼んだ。）

☐ force 〜 to V　　　　　　＝（強制的に）〜に V させる

= oblige 〜 to V

= compel 〜 to V

例 The accident forced me to postpone my visit to Italy.
（その事故は私にイタリアへの訪問を延期させた。[その事故のせいで私はイタリアへの訪問を延期した。]）

☐ allow 〜 to V　　　　　　＝〜が V するのを認める，許可する

例 The museum allows us to take photos.
（その博物館は写真を撮るのを許可している。）

☐ advise 〜 to V　　　　　　＝〜に V するよう忠告する

例 The doctor advised Mary to get some rest.
（医者はメアリーに休息を取るよう忠告した。）

4 第4文型

第4文型をとる動詞は,「S は O_1 に O_2 を V する」のように,目的語を 2 つとります。代表的な動詞は give と buy です。give は give O_1 O_2 で「O_1 に O_2 を与える」という意味で,give O_2 to O_1 に書き換えられます。一方,buy は buy O_1 O_2 で「O_1 に O_2 を買ってあげる」という意味で,buy O_2 for O_1 に書き換えられます。なお,O_1 には人,O_2 にはモノが入ることがほとんどです。

● give 型の動詞 (= V O_2 to O_1) ●

☐ give O_1 O_2 = O_1 に O_2 を与える

例 Tatsuo gave his friend a gift.

= Tatsuo gave a gift to his friend.
(タツオは友達に贈り物をあげた。)

☐ allow O_1 O_2 = O_1 に O_2 を与える,許可する

例 The teacher allowed the students five extra minutes to finish the math exam.
(先生は生徒たちに数学の試験を終えるために追加で 5 分を与えた。)

☐ teach O_1 O_2 = O_1 に O_2 を教える

例 Mr. White teaches me English.
(ホワイト先生は私に英語を教えている。)

● buy 型の動詞 (= V O_2 for O_1) ●

☐ buy O_1 O_2 = O_1 に O_2 を買ってあげる

例 I bought my daughter a new smartphone yesterday.

= I bought a new smartphone for my daughter yesterday.
(昨日,私は娘に新しいスマートフォンを買った。)

☐ order O_1 O_2 = O_1 のために O_2 を注文する

例 She ordered Thomas a birthday cake.
(彼女はトーマスのためにバースデーケーキを注文した。)

☐ get O_1 O_2 = O_1 のために O_2 を手に入れる

例 My mother got me the ticket to tonight's concert.
(母は私のために今夜のコンサートのチケットを手に入れた。)

問 1：次の英文の空所に入れるのに最も適当なものを選べ。

☐ **1** After a lot of problems she 「 1 」 to learn to drive a car.

① gave up　　　　　② managed

③ put off　　　　　④ succeeded

〔センター試験〕

☐ **2** Despair 「 2 」 him into crime.

① made　　　　　② drove

③ kept　　　　　④ burst

〔聖心女子大〕

☐ **3** A : Let's go to lunch.

B : Not yet. I don't want to quit 「 3 」 yet.

① to working　　　② working

③ to work　　　　④ for working

〔明治大（商）〕

◆難 ☐ **4** I 「 4 」 our problems on the government.

① blame　　　　　② leave

③ depend　　　　④ trust

〔桃山学院大〕

頻出 ☐ **5** My mother 「 5 」 me to become a musician.

① hopes　　　　　② advises

③ considers　　　④ thinks

〔神田外語大（英米）〕

☐ **6** It 「 6 」 to me that I should make a phone call to my parents.

① happened　　　② hit

③ occurred　　　④ joined

〔駿河台大（法）〕

答1 多くの問題を経て，彼女はどうにか車の運転を覚えた。

　　　 [1] ⇒ ② managed

　　▶空所の後ろには不定詞が来ているので，動名詞を目的語にとる① gave up や，③ put off は使うことができません。ここでは，不定詞を目的語にとる② managed を選びましょう。**manage to V**は「**なんとかしてVする**」という意味の重要表現。また，④ succeeded は **succeed in V**ing（**V するのに成功する**）の形で使います。

答2 絶望のために彼は罪を犯した。

　　　 [2] ⇒ ② drove

　　きそ ▶ **drive** という動詞には，「**運転する，車で送る**」だけではなく，「**駆り立てる，追いやる**」という意味があります。drive A into[to] B で「**A を B に駆り立てる**」の意味を表します。また，名詞で使われたときには「**衝動**」という意味にもなります。

答3 A：お昼を食べに行きましょう。

　　　 B：まだいいです。まだ仕事を中断したくないんです。

　　　 [3] ⇒ ② working

　　▶ **quit（止める）**は，動名詞だけを目的語にとる他動詞。もちろん，他動詞に前置詞は必要ないので，動名詞のみの② working を選びましょう。

答4 私は私たちの問題を政府のせいにする。

　　　 [4] ⇒ ① blame

　　▶ **blame A on B** は，「**A を B のせいにする**」という意味の重要表現。これは，**blame B for A** にも書き換えることができます。前置詞に注意して覚えておきましょう。

答5 母は私に音楽家になるよう勧めている。

　　　 [5] ⇒ ② advises

　　▶後ろに目的語＋不定詞の形をとることができるのは，② advises だけ。**advise ～ to V**で「**～に V するよう忠告する**」という意味です。また，advise の直後には，動名詞しかとれないことに注意しましょう。**advise V**ing で，「**V することを勧める**」という意味で使われます。

答6 両親に電話をかけるべきだという考えが突然私の頭に浮かんだ。

　　　 [6] ⇒ ③ occurred

　　A ▶**考え occur to 人**は，「**人が考えを思いつく**」という意味の重要表現。**人 hit on 考え**にも書き換えることができます。

☐ **7** This castle tower ☐7☐ a panoramic view of the whole city.

① commands　　　　② meets

③ takes　　　　　　④ widens

〔日本大 (理工)〕

頻出 ☐ **8** I can't ☐8☐ that noise. It's driving me crazy.

① keep　　　　　　② put up

③ stand　　　　　　④ stay away

〔東海大 (政経)〕

難 ☐ **9** A : My watch ☐9☐ .

B : The battery must be dead.

① is dying　　　　　② is gaining

③ isn't working　　　④ never moves

〔東京経大 (経)〕

☐ **10** I ☐10☐ my son into giving up the bad habit.

① spoke　　　　　　② dissuaded

③ talked　　　　　　④ told

〔実践女大 (文)〈改〉〕

☐ **11** The news commentator's job is to ☐11☐ the listening audience of the latest happenings.

① teach　　　　　　② inform

③ instruct　　　　　④ show

〔獨協大 (外)〕

☐ **12** We spent a lot of time ☐12☐ a parking place.

① with searching　　② search for

③ searching for　　　④ to search

〔関西外語大〕

答7 この城の塔からは，市全体の景色が見渡せる。

⬜7 ⇒① commands

▶ **command** という動詞には「**命令する**」だけではなく，「**（景色を）見渡せる**」という意味があります。また，名詞で「**使いこなす能力**」という意味もあるので注意して覚えておきましょう。

答8 あの騒音には耐えられない。おかげで狂ってしまいそうだ。

⬜8 ⇒③ stand

▶ **stand** は，他動詞として「**我慢する**」という意味でも使うことができます。**put up with**，**endure**，**bear**，**tolerate** にも書き換えることができます。

答9 A：時計が動かないんだ。

B：きっと電池が切れているんだよ。

⬜9 ⇒③ isn't working

▶「**（機械などが）うまく作動する**」という意味を表すには，**work** という動詞を自動詞として使います。

答10 私は息子を説得して悪い習慣をやめさせた。

⬜10 ⇒③ talked

きそ ▶ **talk ～ into** Ving は，「**～を説得して V させる**」という意味。この反対の意味を表す表現は，**talk ～ out of** Ving（～を V しないように説得する）で，dissuade ～ from Ving（～に V するのを思いとどまらせる）にも書き換えることができます。

答11 ニュースの時事解説者の仕事は，視聴者に最新の出来事を知らせることである。

⬜11 ⇒② inform

▶ **inform A of B** は，「**A に B を知らせる**」という意味。**inform ～ that S V**（～にS が V すると知らせる）という使い方もしっかり覚えておきましょう。

答12 私たちは駐車するところを探すのにとても時間がかかってしまった。

⬜12 ⇒③ searching for

⚠ ▶ **spend** という動詞は，**spend 時間 (in)** Ving（V するのに時間を費やす）という形で使います。また，**spend 金 on 物**（物にお金を費やす［使う］）という表現も併せて覚えておきましょう。

Lesson **10** 動詞の語法

頻出 ☐ **13** The dictionary was ⬜13⬜ on the bookshelf.

① lying   ② lain

③ laying   ④ lied

〔四天王寺国際仏教大〕

☐ **14** I tried to be calm but finally I ⬜14⬜ my temper.

① overcame by   ② found

③ exploded   ④ lost

〔甲南大(経)〕

☐ **15** He ⬜15⬜ on playing another game.

① assisted   ② insisted

③ persisted   ④ resisted

〔神奈川大(法・工)〕

☐ **16** If you eat excessively, you will ⬜16⬜ weight.

① try on   ② get on

③ put on   ④ have on

〔関西学院大(文)〕

☐ **17** The company ⬜17⬜ me ten dollars ⬜17⬜ taking my bag to the airport.

① charged / for   ② demanded / of

③ imposed / from   ④ took / in

〔梅花女大(文)〕

◆難 ☐ **18** I'll ⬜18⬜ to it that it never happens again.

① apply   ② hold

③ refer   ④ see

〔日本大(理工)〕

Answers

答13 辞書は本棚にあった。

⟨13⟩ ⇒ ① lying

⚠️ ▶「横たわる」という意味の **lie** という自動詞は，**lie-lay-lain-lying** と活用します。一方，「横たえる」という意味の **lay** という他動詞は，**lay-laid-laid-laying** と活用します。空所の後ろが前置詞なので，自動詞 lie の現在分詞の① lying を選びましょう。受動態だと考えても，他動詞 lay の過去分詞 laid は選択肢にありません。

答14 私は穏やかでいようとしたが，ついに癇癪を起こした。

⟨14⟩ ⇒ ④ lost

▶ **temper** は「気質，落ち着き」という意味の名詞。**lose one's temper** は「怒る」という意味で，**get angry** にも書き換えることができます。また，**keep one's temper** は「平静を保つ」という意味なので，併せて覚えておきましょう。

答15 彼は他のゲームをやろうと主張した。

⟨15⟩ ⇒ ② insisted

▶ **insist on** Ving は，「**V すると主張する**」という意味の重要表現。insist that **S** (should) **V** にも書き換えることができます。assist は「助ける」，persist は「固執する」，resist は「抵抗する」の意味です。

答16 過度に食べれば，太るでしょう。

⟨16⟩ ⇒ ③ put on

▶「太る」という意味を表すには，**put on weight** や **gain weight** という形を使いましょう。逆に，「**やせる**」という意味を表すには，**lose weight** を使います。

答17 その会社は私のかばんを空港まで持っていった代金として，私に 10 ドルを請求した。

⟨17⟩ ⇒ ① charged / for

▶ **charge 人 金 for ～** は「**～に対して人にお金を請求する**」という意味の重要表現。ここでは，charge の後ろに第 4 文型がとられていることに特に注意しましょう。impose は，impose a tax on ～（～に課税する）などのように，税金や罰金などを課す際に使われます。

答18 私がもう二度とそれが起こらないように取り計らいましょう。

⟨18⟩ ⇒ ④ see

▶ **see (to it) that S V** は，「**S が V するよう気をつける［取り計らう］**」という意味。この構文では，to it を省略できることにも注意しておきましょう。入試では，ほとんどそのまま問われるので，イディオムとして覚えておきましょう。

Lesson **10** 動詞の語法

163

☐ **19** He came all the way to my office to discuss 19 with me.

① the plan   ② over the plan

③ about the plan   ④ as to the plan

〔上智大(理工 – 機械・電工)〕

☐ **20** It 20 out to be a nice day.

① went   ② turned

③ began   ④ start

〔九州国際大(国際商)〕

問2:次の英文の下線部のうち,誤った英語表現を含む番号を選べ。

☐ **21** The steak the next-door neighbors ①are barbecuing ②in their back-yard ③is smelling ④good.

誤り = 21   〔法政大(経済)〕

頻出 ☐ **22** I found some pages ①missing in the book which I ②had lent from the library ③nearby ④the other day.

誤り = 22   〔流通経大(経・経)〕

難 ☐ **23** ①A lot of money ②has been invested ③in the ④rising of the sunken ship.

誤り = 23   〔横浜市立大(商)〕

答19 彼は私とその計画について話し合うためにわざわざ私の事務所に来た。

⎿19⎾ ⇒① the plan

きそ ▶ discuss（〜について話し合う）は，自動詞と間違えやすい他動詞。後ろに about などの前置詞を入れないように注意しましょう。

答20 結局良い天気になった。

⎿20⎾ ⇒② turned

きそ ▶ turn out (to be) C は，「C であるとわかる［判明する］」という意味の重要表現。 prove (to be) C にも書き換えることができます。

答21 隣の家の人たちが裏庭でバーベキューにしているステーキは，良いにおいがする。

⎿21⎾ ⇒③ is smelling → smells

▶ smell は「においを嗅ぐ」という意味の他動詞のときは進行形にできますが， smell C の形で「C のにおいがする」という意味を表す場合は，know や live と同様 に「状態を表す動詞」と考えられるので，進行形にはできません。

答22 先日近くの図書館で借りた本の中に，欠けたページがあるのに気づいた。

⎿22⎾ ⇒② had lent → had borrowed

▶ lend は「貸す」という意味で，lend-lent-lent と活用します。「図書館から本を借 りている」というように，誰かから無償で物を借りる場合には，borrow という動 詞を使わなければなりません。また，有料で貸し借りする場合には，rent を使う ことにも注意しておきましょう。

答23 巨額のお金が沈没船の引き揚げに使われた。

⎿23⎾ ⇒④ rising → salvage

▶ rise は「上がる」という意味の自動詞で，rise-rose-risen-rising と活用します。 rising は，rise の名詞形で「上昇」という意味。ここでは，「沈没船が引き揚がる」 のではなく「沈没船を引き揚げる」わけなので，④ rising は誤り。正しくは，「海 難救助，引き揚げ」などを意味する salvage という単語が使われます。

Lesson
10
動詞の語法

問3：日本文に合う英文になるように選択肢の語を並べ替え，空所に入るものを選べ。

頻出 □ **24** 彼女が朝食に何を食べさせるかわかりますか。

Do ＿＿＿ | 24 | ＿＿＿ ＿＿＿ ＿＿＿ | 25 | ＿＿＿ breakfast?

① me ② eat ③ she ④ what

⑤ you know ⑥ for ⑦ makes

〔関西外語大〕

難 □ **25** 図書館からこの本を借りることができますか。（1語不要）

＿＿＿ ＿＿＿ | 26 | ＿＿＿ | 27 | ＿＿＿ ＿＿＿ from the library?

① book ② we ③ allowed ④ are

⑤ loan ⑥ to ⑦ this ⑧ borrow

〔名城大（商）〕

□ **26** ホテルの部屋の空調設備が故障したので，私は従業員に直すように言った。

The air-conditioning in my hotel room went wrong, and ＿＿＿

| 28 | ＿＿＿ ＿＿＿ ＿＿＿ | 29 | ＿＿＿ ＿＿＿ .

① have ② I ③ repaired ④ to

⑤ the ⑥ clerk ⑦ asked ⑧ it

〔慶大（商）〕

□ **27** 余暇が増えることによって，彼らは屋外での活動を楽しむ機会をもっと持つようになるだろう。

The increase in leisure time ＿＿＿ ＿＿＿ | 30 | ＿＿＿ ＿＿＿

| 31 | ＿＿＿ outdoor activities.

① more ② them ③ to enjoy ④ will

⑤ with ⑥ provide ⑦ opportunities

〔センター試験〕

□ **28** こんな夜遅くに電話してすみません。

Forgive ＿＿＿ ＿＿＿ | 32 | ＿＿＿ ＿＿＿ | 33 | ＿＿＿ ＿＿＿ at night.

① calling ② me ③ so ④ late

⑤ you ⑥ for

〔中央大（経済）〕

答 24 Do you know **what** she makes me **eat** for breakfast?

24 ⇒④　25 ⇒②　(5-**4**-3-7-1-**2**-6)

▲ ▶ make という使役動詞は，後ろに目的語＋原形不定詞をとって，**make ～ V（～にVさせる）** という形で使われます。**force ～ to V，compel ～ to V，oblige ～ to V** にも書き換えることができます。

答 25 Are we **allowed** to **borrow** this book from the library?

26 ⇒③　27 ⇒⑧　(4-2-**3**-6-**8**-7-1)　不要＝⑤ loan

▶ **allow ～ to V** は「～がVするのを許す」という意味の重要表現。ここでは，～ **be allowed to V**（～はVするのを許される）という受動態の形で使われています。また，無償で誰かから物を借り，それがトイレや電話でなく本などの移動可能な物である場合は，borrow という動詞を使うことにも注意しておきましょう。

答 26 The air-conditioning in my hotel room went wrong, and I **asked** the clerk to **have** it repaired.

28 ⇒⑦　29 ⇒①　(2-**7**-5-6-**4**-**1**-8-3)

きそ ▶ ポイントは，ask と have の語法です。ask は，**ask ～ to V** の形で「～にVするのを頼む」，have は **have ～ V_{pp}** の形で「～をVされる，～をVしてもらう」という意味で使われます。ここでは，have の後ろの The air-conditioning を指す it と repaired の間に受動の関係があることに注意しましょう。

Lesson
10
動詞の語法

答 27 The increase in leisure time will provide **them** with more **opportunities** to enjoy outdoor activities.

30 ⇒②　31 ⇒⑦ (4-6-**2**-5-1-**7**-3)

▶ **provide A with B** は「**A に B を供給する**」という意味で，**provide B for A** にも書き換えることができます。

答 28 Forgive me **for** calling **you** so late at night.

32 ⇒⑥　33 ⇒⑤　(2-**6**-1-**5**-3-4)

▶ **forgive ～ for V**ing で「～がVすることを許す」の意味を表します。excuse も同じ形で使えます。call は「電話をかける」という意味の**他動詞**なので，「あなたに電話する」は call you と言います。

REVIEW

これですべてのレッスンが終了です。基本的な英文法を身に付けてから，たくさんの英文に触れることが英語をマスターする近道です。英文法の問題が解けただけでは，残念ながら英文法をマスターしたとはいえません。ここで満足せずに，このあとは付属の音声を使って復習しましょう。音声の発音をまねながら繰り返し音読していくうちに，文法がどんどん頭に染み込んでいきますよ！

■第1問　次の空所に入れるのに最も適当なものを選べ。

問1　These are two reasons for our decision, and you know one of them. Now I'll tell you ☐1☐ .
① another　　　② other
③ the other　　④ the others

問2　The population of Tokyo is much larger than ☐2☐ .
① that of New York　② New York
③ of New York　　　④ New York has

問3　I'm too busy to get the tickets. Who is going to do ☐3☐ ?
① it　　② them　　③ so far　　④ one

問4　Don't buy the expensive apples; get the cheaper ☐4☐ .
① it　　② ones　　③ them　　④ those

問5　Sue was very helpful. She gave me ☐5☐ .
① a good advice　　② some good advice
③ many good advices　④ much good advices

問6　A : Does Jack live in the suburbs or in the center of the city?
B : ☐6☐ I know, he lives near the center.
① As far as　　② As long as
③ As much as　　④ So long as

問7　☐7☐ you have finished your task, you are free to go and play outside.
① Now that　　② Though
③ So far as　　④ For

問8　I wish they had done ☐8☐ they were told.
① as　　② if　　③ just　　④ that

問9　You shouldn't speak ☐9☐ your mouth full at the table.
① as　　② in　　③ when　　④ with

問10 It's too bad that the corn crop last year was 30 percent ⬜10 average.
① below　　② after　　③ behind　　④ from

問11 She's fifteen, and she's not a kid ⬜11 .
① already　　　　② still
③ yet　　　　　　④ anymore

問12 "Actually, I never thought you'd be accepted by Yale University."
" ⬜12 ."
① Either did I　　　② I didn't, too
③ Neither did I　　　④ So did I

問13 Civilizations grow old and die out. Monuments fall. But many books have ⬜13 the test of time.
① stood　　　　　② spent
③ succeeded　　　④ ridden

問14 The value of the dollar declines as the rate of inflation ⬜14 .
① raises　　② rises　　③ lies　　④ lays

問15 The law prohibits minors ⬜15 both smoking and drinking.
① for　　② from　　③ on　　④ to

■第2問　次の英文の下線部のうち，誤った英語表現を含む番号を指摘せよ。

問16　16

Ken and Mari ①<u>play</u> ②<u>tennis</u> every Sunday ③<u>with</u> ④<u>Tom and I.</u>

問17　17

We ①<u>had a chance</u> ②<u>to discuss about</u> ③<u>the matter</u> ④<u>over a cup</u> of tea.

■第3問　下の選択肢を並べ替えて英文を完成させ，空所に入る番号を答えよ。

問18　It is ＿＿＿ ＿＿＿ 18 ＿＿＿ ＿＿＿ that tragedies of the British Royal Family are condensed in the Tower of London.　（1語不要）

① much　　② not　　③ really　　④ say

⑤ to　　　⑥ too

問19　＿＿＿ ＿＿＿ ＿＿＿ ＿＿＿ 19 ＿＿＿ ＿＿＿ leave school?

① you　　② forced　　③ to　　④ Paul

⑤ think　⑥ do　　　⑦ what

問20　It was ＿＿＿ ＿＿＿ ＿＿＿ 20 ＿＿＿ ＿＿＿ ＿＿＿ .

① because　② that　　③ crowded　④ the train

⑤ the accident　⑥ of　　⑦ was

解答用紙

第1問	問1	問2	問3	問4	問5
	問6	問7	問8	問9	問10
	問11	問12	問13	問14	問15
第2問	問16	問17			
第3問	問18	問19	問20		

解答へ→　171

Lesson
07-10 中間テスト③ 解答

・・・

ADVICE

代名詞の使い方はしっかり理解して覚えていき，間違えたら繰り返し練習しましょう。また，選んだ根拠もはっきりと言えるようにしておきましょう。前置詞は，接続詞と品詞を間違えないように注意して，単語の意味をイメージとしてとらえること。in は，位置的に広い感じで「〜の中」（狭かったら at），期間として「期間の中」つまり「〜の際に」のようにイメージしましょう。またイディオムも何回も口で言ってみて，自然と口から出てくるよう，しっかりマスターしておきましょう。このレベルはまだ文中に知らない単語ばかりが出てくるわけではないので，基本的なことはしっかり把握し，すぐに答えが出せるようにしておくこと。この先，レベル⑤に向けて前進あるのみ！

・・

解説

・・・

■第1問

問1：2つの物に言及する場合，1つめは one，2つめは the other。

問2：that は the population の反復を避けるための代名詞。

問3：it は to get the tickets の部分を指している代名詞。

問4：ones は apples の反復を避けるための代名詞。

問5：advice は不可算名詞。

問6：as far as S V「S が V する限り」は程度・距離を表します。

問7：now that S V「今や S が V するので」。

問8：as S V「S が V するように」。

問9：付帯状況の with。

問10：below 〜「〜よりも下で」。

問11：not ..... anymore「もはや ・・・・・ ない」。

問12：neither + be 動詞［助動詞］＋ S「S もまたそうしない」。

問13：stand「我慢する，持ちこたえる」。the test of time「時の試練」。

問14：rise「上がる」は自動詞。raise「上げる」は他動詞。

問15：prohibit 〜 from Ving で「〜が V するのを禁止する」の意味。

■第2問

問16： Tom and I → Tom and me

前置詞の目的語となる代名詞は目的格。

問17： to discuss about → to discuss

discuss は他動詞なので，前置詞の about は不要。

■第3問

問18：「2-6-1-5-4」が正解。「It is not too **much** to say that tragedies of the British Royal Family are condensed in the Tower of London. (英国王室の悲劇はロンドン塔に凝縮されていると言っても過言ではない。)」となります。It is not too much to say that **S V**「**S** が **V** すると言っても過言ではない」の意。

問19：「7-6-1-5-**2**-4-3」が正解。「What do you think **forced** Paul to leave school? (ポールはどうして退学しなければならなかったのだと思う？)」となります。疑問詞 do you think ..... ? の語順に注意。

問20：「1-6-5-**2**-4-7-3」が正解。「It was because of the accident **that** the train was crowded. (電車が混んでいたのは事故のせいだった。)」となります。it is ..... that **S V** の強調構文。

解答

第1問	問1 ③	問2 ①	問3 ①	問4 ②	問5 ②
	問6 ①	問7 ①	問8 ①	問9 ④	問10 ①
	問11 ④	問12 ③	問13 ①	問14 ②	問15 ②
第2問	問16 ④	問17 ②			
第3問	問18 ①	問19 ②	問20 ②		

SCORE	1st TRY /20点	2nd TRY /20点	3rd TRY /20点	CHECK YOUR LEVEL	▶ 0 〜 12点 ➡ *Work harder!* ▶ 13 〜 16点 ➡ *OK!* ▶ 17 〜 20点 ➡ *Way to go!*

口語表現 レベル④

☐1	How do you do?	はじめまして。
☐2	How are you doing?	元気？
☐3	Nice meeting you.	お会いできて光栄です。
☐4	Is this Mr.Tanaka's residence?	ここはタナカさんのお宅ですか？
☐5	Who's calling, please?	（電話で）どちらさまでしょうか？
☐6	No kidding.	冗談はよしてくれ。
☐7	Won't you have some more?	おかわりはいかがですか？
☐8	I beg your pardon?	もう一度言ってください。
☐9	How are you feeling?	気分はいかがですか？
☐10	I'm just looking around.	（お店で）見ているだけです。
☐11	The line is busy.	（電話で）お話し中です。
☐12	Is Sunday morning convenient for you?	日曜日の朝は都合がいいですか？
☐13	How have you been?	元気にしてた？
☐14	Please give my best regards to Julia.	ジュリアによろしく言っておいて下さい。
☐15	Is this your first trip to Italy?	イタリアへは初めてですか？
☐16	How much will it be all together?	全部でいくらですか？
☐17	I'll take this.	これにします。
☐18	I'll fax it today.	今日ファックスで送ります。
☐19	It is none of your business!	君には関係ないことだ。
☐20	Don't mention it.	どういたしまして。
	＝ The pleasure is mine.	
☐21	I appreciate your kindness.	ご厚意に感謝します。
☐22	How's everything going?	調子はどうだい？
☐23	I'm afraid I must go now.	もうおいとましなくてはいけません。
☐24	May I talk with you for a moment?	ちょっとお話ししてもいいですか？
	—— Certainly.	もちろん。
☐25	Let me drive you home.	自宅まで車で送りましょう。
☐26	You'd better hurry.	急いだ方がいいよ。
☐27	Is this the right way to the theater?	映画館に行くにはこの方角でいいんですか？
☐28	What can I do for you?	（お店で）何かお探しものでも？
☐29	I'll call you back later.	後で折り返し電話します。
☐30	I'll get it.	私が取ってくるよ。
☐31	Take this medicine every day.	この薬を毎日飲みなさい。
☐32	I'll pick you up.	僕が君を車で迎えに行くよ。

☐33	You have the wrong number.	電話のかけ間違いです。
☐34	He is out now.	彼は今外出中です。
☐35	Anything else?	他に何かありますか？
☐36	Cheer up!	元気出して！
☐37	How about going to Disneyland on Saturday?	土曜日にディズニーランドに行かない？
☐38	Would you like to come to the party?	パーティーに来ませんか？
	—— I'd love to.	喜んで。
☐39	How about a drink?	一杯飲みに行かない？
☐40	I'm sorry to have kept you waiting.	待たせてごめんなさい。
☐41	It's my fault.	それは私の責任です。
☐42	I've heard a lot about you.	君のことはよく耳にしているよ。
☐43	That's terrible.	それはひどい。
☐44	What's up?	最近どうだい？
☐45	Please say hello to Mary.	メアリーによろしく。
☐46	It's been a long time since I saw you last.	君に会うのは久しぶりだね。
☐47	Keep the change.	おつりはいりません。
☐48	Can I use the telephone?	電話をお借りしてもいいですか？
☐49	I'll have him call when he gets back.	彼が戻りしだい電話させます。
☐50	Do you want more juice?	ジュースをもっといかがですか？
	—— No, thanks. I've had enough.	結構です。十分いただきました。
☐51	Sounds good.	よさそうだね。
☐52	Could you carry this bag for me?	このかばんを運んでもらえませんか？
	—— No problem.	おやすい御用です。
☐53	I am wondering if I could borrow your book.	あなたの本を貸してほしいのですが。
☐54	Do you mind if I smoke?	煙草を吸っても構いませんか？
	—— No, not at all.	全然構いません。
☐55	It's very kind of you.	親切にありがとう。
☐56	Thank you for everything.	いろいろとありがとう。
☐57	I haven't seen you for ages.	長い間君には会ってなかったね。
☐58	Can I leave a message?	伝言をお願いできますか？
☐59	You are wanted on the phone.	あなたに電話ですよ。
☐60	Would you tell her that I called?	私が電話したことを彼女に伝えていただけますか？
☐61	I know how you feel.	君の気持ちはよくわかるよ。

付録

口語表現レベル④

単語・熟語リスト

▶ 本書の例題・例文・問題に登場した
重要な単語・熟語をチェック！

▼ Lesson 01　時制・助動詞

p.13

- [ ] hammer　　　　　　（名）ハンマー
- [ ] scold　　　　　　　（動）〜を叱る

p.16

- [ ] if S V　　　　　　　（構）副詞節：SがVするならば
　　　　　　　　　　　　　　名詞節：SがVするかどうか
- [ ] S1 had hardly[scarcely] V1pp when[before] S2 V2p
　　　　　　　　　　　　（構）S1がV1するとすぐに
　　　　　　　　　　　　　　S2はV2した
- [ ] be absent from 〜　（熟）〜を休んでいる

p.18

- [ ] be prepared for 〜　（熟）〜の準備ができている
- [ ] professor　　　　　（名）教授
- [ ] used to V　　　　　（助）昔はVしたものだった
- [ ] get[be] used to Ving　（熟）Vするのに慣れる
　　　　　　　　　　　　　　［慣れている］
- [ ] arrive　　　　　　　（動）到着する
- [ ] had better V　　　　（助）Vした方がよい

p.20

- [ ] may[might] as well V1 (as V2)
　　　　　　　　　　　　（構）（V2するくらいなら）
　　　　　　　　　　　　　　V1した方がましだ
- [ ] may well V　　　　　（構）Vするのももっともだ
- [ ] alternative　　　　　（名）代わり，二者択一
- [ ] have to[must] V　　（助）現在Vしなければならない
- [ ] had to V　　　　　　（助）過去にVしなければ
　　　　　　　　　　　　　　ならなかった
- [ ] somewhere　　　　　（副）どこかで
- [ ] recall　　　　　　　（動）〜を思い出す
- [ ] can't[cannot] V　　（助）Vするはずがない
- [ ] may[might] V　　　（助）Vするかもしれない（推量）
　　　　　　　　　　　　　　Vしてもよい（許可）

p.22

- [ ] would rather V　　　（助）むしろVしたい
- [ ] must V　　　　　　　（助）Vするにちがいない
- [ ] when S V　　　　　　（構）SがVするとき
- [ ] management　　　　（名）経営

p.24

- [ ] guess　　　　　　　（動）見当をつける
- [ ] can't[cannot] V too ...　（熟）どんなに…にVして
　　　　　　　　　　　　　　もしすぎではない
- [ ] Would you mind if I ..... ?
　　　　　　　　　　　　（熟）・・・・・してもかまい
　　　　　　　　　　　　　　ませんか？

▼ Lesson 02　不定詞・動名詞

p.26

- [ ] refill　　　　　　　（動）補充する

p.29

- [ ] take care of 〜　　（熟）〜の世話をする

p.30

- [ ] what to do with 〜　（熟）〜をどうするか
- [ ] never fail to V　　（熟）必ず［常に］Vする
- [ ] seaside　　　　　　（名）海岸
- [ ] drown　　　　　　　（動）おぼれさせる
- [ ] ..... only to V　　（熟）・・・・・そして結局Vする
- [ ] ..... never to V　（熟）・・・・・そして決して
　　　　　　　　　　　　　　Vしない
- [ ] necessary　　　　　（形）必要な
- [ ] remember to V　　（動）忘れずにVする
- [ ] remember Ving　　（動）過去にVしたのを
　　　　　　　　　　　　　　覚えている
- [ ] expect 〜 to V　　（動）〜がVするのを期待する

p.32

- [ ] translate　　　　　（動）翻訳する
- [ ] offer to V　　　　　（動）Vしようと申し出る
- [ ] offer A B　　　　　（構）AにBを申し出る
- [ ] teach 〜 to V　　　（動）〜にVするよう教える
- [ ] 〜 be taught to V　（動）〜はVするよう
　　　　　　　　　　　　　　教えられる
- [ ] mathematics　　　（名）数学
- [ ] encourage 〜 to V　（動）〜にVするよう奨励する
- [ ] climate　　　　　　（名）気候
- [ ] bother　　　　　　（動）悩ます
- [ ] Would[Do] you mind Ving ?
　　　　　　　　　　　　（構）Vしてくれませんか？
- [ ] No, not at all.　　（構）はい，いいですよ。
　　= No, of course not.
　　= Certainly not.

p.34

- [ ] massage　　　　　（動）マッサージする
- [ ] stop Ving　　　　　（動）Vするのをやめる
- [ ] stop to V　　　　　（動）止まってVする
- [ ] novel　　　　　　　（名）小説
- [ ] be worth Ving　　（熟）Vする価値がある
- [ ] need Ving　　　　　（熟）Vされる必要がある
　　= want Ving
　　= need to be Vpp
- [ ] help　　　　　　　（動）避ける
- [ ] but　　　　　　　　（前）〜を除いて，〜以外
- [ ] look forward to Ving　（熟）Vするのを楽しみに待つ
- [ ] complain of 〜　　（熟）〜について不平を言う

p.36

- [ ] give up Ving　　　（熟）Vするのをやめる
- [ ] call 〜 by 〜's first name
　　　　　　　　　　　　（熟）〜を名前で呼ぶ
- [ ] constant　　　　　（形）絶えず続く
- [ ] enable 〜 to V　　（動）〜がVするのを
　　　　　　　　　　　　　　可能にする
- [ ] keep accounts　　（熟）簿記をつける

☐ counselor	(名)カウンセラー
☐ suggest	(動)提案する
☐ grade	(名)成績
☐ to tell the truth	(熟)実を言うと

p.38

☐ possibility	(名)可能性
☐ unless S V	(構)SがVしなければ
☐ regularly	(副)定期的に
☐ expensive	(形)高価な
☐ dictionary	(名)辞書
☐ it is no use Ving	(構)Vしても無駄である
☐ with a view to Ving	(熟)Vする目的で
= for the purpose of Ving	
= in order to V	
= so as to V	
☐ hurry	(動)急ぐ
☐ feel like Ving	(熟)Vしたい

▼ Lesson 03　分詞・分詞構文

p.41

☐ announce	(動)～をアナウンスする， ～を知らせる
☐ waiting room	(名)待合室
☐ skin	(名)肌，皮

p.43

☐ garlic	(名)ニンニク
☐ unique	(形)独特の，すばらしい

p.44

☐ manager	(名)支配人
☐ signature	(名)署名
☐ have ～ V	(構)～にVさせる， ～にVしてもらう
☐ have ～ Vpp	(構)～をVされる， ～をVしてもらう
☐ interest	(動)興味を持たせる
☐ ceramic	(形)陶磁器の
☐ vase	(名)花瓶
☐ art fair	(名)美術展
☐ see ～ Vpp	(構)～がVされるのを見る

p.46

☐ get ～ to V	(構)～にVさせる， ～にVしてもらう
☐ get ～ Vpp	(構)～をVされる， ～をVしてしまう
☐ noise	(名)騒音
☐ heavy	(形)激しい
☐ traffic	(名)交通
☐ policeman	(名)警察官
☐ make O C	(構)OをCにする
☐ oneself	(代)自分の意志，意図， 言いたいこと
☐ make oneself heard	(熟)自分の言っている ことを聞いてもらう
☐ motorcycle	(名)オートバイ
☐ look C	(動)Cに見える

☐ please	(動)喜ばせる
☐ conference	(名)会議
☐ hostess	(名)女主人
☐ end	(名)はじ
☐ smile	(名)ほほえみ
☐ seat	(動)座らせる
☐ luggage	(名)手荷物
☐ at once	(熟)すぐに

p.48

☐ from a distance	(熟)遠くから
☐ huge	(形)巨大な
☐ human	(形)人間の
☐ law	(名)法律
☐ immoral	(形)道徳に反する
☐ granting (that) S V	(構)仮にSがVすること
= granted (that) S V	を認めたとしても
☐ all things considered	(熟)すべての物事を考慮すると

p.50

☐ There being ～	(熟)～があるので
☐ There being no ～	(熟)～がないので
☐ earthquake	(名)地震
☐ utter	(動)(声・言葉などを)発する
☐ shock	(動)ショックを与える
☐ spend 時間 Ving	(熟)Vして(時間)を過ごす
☐ move into ～	(熟)～へ引っ越す
☐ excite	(動)興奮させる
☐ thrill	(動)ぞくぞくさせる
☐ fantastic	(形)すばらしい
☐ firework	(名)花火
☐ display	(名)展示
☐ surround	(動)囲む
☐ grandchildren	(名)孫

p.52

☐ barber	(名)床屋
☐ have one's hair cut	(熟)髪を切る
☐ attempt to V	(熟)Vしようとする
☐ locate	(動)位置を突き止める，置く
☐ survivor	(名)生存者
☐ ferry	(名)フェリー
☐ disaster	(名)災害
☐ gradually	(副)徐々に
☐ memory	(名)記憶
☐ accident	(名)事故
☐ complete	(形)完全な，全くの
☐ blank	(名)空白
☐ lead (up) to ～	(熟)～へと至る
☐ magazine	(名)雑誌
☐ well-informed	(形)精通している
☐ inform A of B	(熟)AにBを知らせる
☐ development	(名)発展

▼ 中間テスト①(Lesson 01-03)

p.54-55

☐ clean up	(熟)きれいに掃除する
☐ deliver	(動)配達する

	英語	品詞・意味
☐	receive	(動) 受け取る
☐	telegram	(名) 電報
☐	instead of ～	(熟) ～の代わりに
☐	in case of ～	(熟) ～の場合には
☐	because of ～	(熟) ～のために，～のせいで
☐	mind Ving	(動) V するのを気にする
☐	nowadays	(副) この頃は
☐	foreign	(形) 外国の
☐	science	(名) 科学
☐	at last	(熟) ついに
☐	scholar	(名) 学者
☐	all day long	(熟) 一日中
☐	completely	(副) 完全に
☐	be tired out	(熟) 疲れ果てる
☐	convenient	(形) 便利な，都合のよい
☐	be busy Ving	(熟) V するのに忙しい

p.56

	英語	品詞・意味
☐	forget to V	(熟) V し忘れる
☐	forget Ving	(熟) V したことを忘れる
☐	it is ... (for ～) to V	(構) (～が) V するのは…だ
☐	impossible	(形) 不可能な
☐	escape being Vpp	(動) V されるのを免れる
☐	narrowly	(副) かろうじて
☐	finish Ving	(動) V するのを終える
☐	by the time S V	(構) S が V するまでに(……してしまう)(完了)

▼ Lesson 04　比較

p.63

	英語	品詞・意味
☐	excuse	(名) 言い訳，理由

p.64

	英語	品詞・意味
☐	risk	(名) 危険

p.66

	英語	品詞・意味
☐	garden	(名) 庭
☐	neat	(形) きちんとした
☐	the 比較級 S1 V1, the 比較級 S2 V2	(構) …に S1 が V1 すればするほど，…に S2 が V2 する
☐	mathematical	(形) 数学の
☐	genius	(名) 天才
☐	score	(名) 点数
☐	less A than B	(構) A というよりむしろ B
☐	more A than B	(構) B というよりむしろ A
☐	the 最上級 ～(that) S have ever Vpp	(構) S が今まで V した中で一番…な～
☐	examination	(名) 試験
☐	prepare for ～	(熟) ～の用意[準備]をする
☐	know better than to V	(熟) V しないくらいの分別はある
☐	know better	(熟) 分別がある
☐	estimation	(名) 評価
☐	to say the least	(熟) 控えめに言っても
☐	altogether	(副) 全体で，完全に

	英語	品詞・意味
☐	as many as ～	(熟) ～ほども，～だけ全部〈数を強調〉
☐	as much as ～	(熟) ～ほど，～だけ(多く)〈量を強調〉

p.68

	英語	品詞・意味
☐	sympathize with ～	(熟) ～に同情する
☐	sorrow	(名) 悲しみ
☐	joy	(名) 喜び
☐	fear	(動) 恐れる
☐	much[still] more ～	(熟) ～はもちろん……する
☐	much[still] less ～ = let alone ～	(熟) ～はもちろん……ない
☐	not so much A as B = B rather than A	(構) A というよりむしろ B
☐	earn	(動) 稼ぐ
☐	□ times as ... as ～	(構) ～の□倍…
☐	half	(副) 半分
☐	twice	(副) 2 倍
☐	three times	(副) 3 倍
☐	fault	(名) 欠点
☐	all the 比較級 for ～	(構) ～なのでますます……
☐	all the 比較級 because S V	(構) S が V するからますます……

p.70

	英語	品詞・意味
☐	annoy	(動) イライラさせる
☐	husband	(名) 夫
☐	clever	(形) 利口な
☐	wise	(形) 賢い
☐	without so much as Ving	(熟) V すらせずに
☐	be superior to ～	(熟) ～より優れている
☐	be inferior to ～	(熟) ～より劣っている
☐	talent	(名) 才能
☐	make the most of ～	(熟) ～を最大限に活用する
☐	make the best of ～	(熟) 不利な状況を最大限に利用する
☐	be concerned about ～	(熟) ～を心配する
☐	result	(名) 結果
☐	not (.....) in the least[slightest]	(構) 全く……ない

p.72

	英語	品詞・意味
☐	district	(名) 地域，地区
☐	as ... as ～	(構) ～ほど…(強調)
☐	usually	(副) 通常
☐	simplicity	(名) 簡単
☐	operation	(名) 操作
☐	ability	(名) 能力
☐	shoot	(動) 撮影する
☐	high-quality	(形) 質の高い
☐	A as well as B = not only B but (also) A	(構) B と同様に A も
☐	office	(名) 事務所
☐	clerk	(名) 事務員

☐ market	(名)	市場
☐ S₁ not V₁ any more than S₂ V₂		
= S₁ no more V₁ than S₂ V₂	(構)	S₂がV₂しないのと同様に，
		S₁もV₁しない

▼ Lesson 05 関係詞

p.80

☐ however	(副)	どんなに…でも
☐ whenever	(接)	‥‥‥するときには
		いつでも
☐ resist	(動)	耐える
☐ herbicide	(名)	除草剤
☐ chemical	(名)	薬品
☐ job	(名)	役目
☐ weed	(名)	雑草
☐ that is why S V	(構)	そういうわけでSはVする

p.82

☐ punish	(動)	罰する
☐ no matter whose ～		
= whosever ～	(構)	誰の～であろうとも‥‥‥
☐ rest	(動)	休憩する
☐ future	(形)	将来の
☐ moss	(名)	苔
☐ in search of ～	(熟)	～を探し求めて
☐ novelist	(名)	小説家
☐ publish	(動)	出版する
☐ what ～ used to be	(熟)	昔の～
= what ～ was		
☐ what ～ is	(熟)	今の～

p.84

☐ prevent ～ from Ving	(熟)	～がVするのを妨げる
☐ honest	(形)	正直な
☐ deceive	(動)	だます
☐ however 形容詞 [副詞] S (may) V		
= no matter how	(構)	どんなに…にSがV
[副詞] S (may) V		しようとも
☐ how S V	(構)	SがVする方法
= the way S V		
☐ not A but B	(構)	AではなくB
☐ what is worse	(熟)	さらに悪いことには
☐ what is better	(熟)	さらによいことには
☐ poor	(形)	貧しい
☐ what little 不可算名詞	(熟)	‥‥‥なありったけの～
= what few 可算名詞		

p.86

☐ discovery	(名)	発見
☐ wheel	(名)	車輪
☐ triumph	(名)	勝利
☐ civilization	(名)	文明
☐ domestication	(名)	家庭的にすること
☐ male	(名)	男性
☐ what we call ～	(熟)	いわゆる～
= what is called ～		
= so-called ～		

☐ impression	(名)	印象，感動
☐ castle	(名)	城

p.88

☐ those who V	(熟)	Vする人々
☐ hold one's tongue	(熟)	黙っておく
☐ those	(代)	人々
= the people		

▼ Lesson 06 仮定法

p.90

☐ lottery	(名)	宝くじ，運

p.93

☐ complete	(動)	～を完成させる

p.94

☐ if S were to V	(構)	万が一SがVするのならば
= if S should V		
= should S V		
☐ marry	(動)	～と結婚する
☐ relaxation	(名)	気晴らし
☐ innumerable	(形)	数えきれない
☐ detective	(形)	探偵の
☐ graduate from ～	(熟)	～を卒業する
☐ as if[though]	(構)	‥‥‥であるかのように
☐ personally	(副)	個人的に，自分として

p.96

☐ otherwise	(副)	さもなければ
☐ athlete	(名)	運動選手
☐ reach out	(熟)	(手を) 伸ばす
☐ cease	(動)	(次第に) なくなる
☐ farming	(名)	農業
☐ desert	(名) 砂漠，(動) 見捨てる
☐ propose	(動)	提案する
☐ pleasant	(形)	楽しい
☐ journey	(名)	旅行

p.98

☐ boss	(名)	上司
☐ college	(名)	大学
☐ miss	(動)	間に合わない
☐ deadline	(名)	締め切り

p.100

☐ demand	(動)	要求する
☐ It is (about[high]) time S Vp		
	(構)	SがVする時間だ
☐ take care of ～	(熟)	(事態を) 処理する
☐ in a hurry	(熟)	急いで

p.102

☐ knit	(動)	編む
☐ sweater	(名)	セーター
☐ I wish..... = if only.....	(構)	‥‥‥ならいいなあ
☐ fail	(動)	失敗する
☐ business	(名) 事業，本分，関わり
		合い，干渉する権利

▼ 中間テスト② (Lesson 04-06)

p.104-105

☐ quarter	(名) 15分，4分の1，25セント

☐	at least	(熟)	少なくとも
☐	at best	(熟)	良くても
☐	fireman	(名)	消防士
☐	stupid	(形)	愚かな
☐	anybody	(名)	誰でも
☐	nobody	(名)	誰も・・・・・ない
☐	put off = postpone	(動)	延期する
☐	what	(構)	・・・・・なこと，もの
	= the thing(s) which		
☐	repair	(動)	修理する
☐	careful	(形)	注意深い
☐	mistake	(名)	間違い
☐	busy	(形)	忙しい
☐	loudly	(副)	大声で，うるさく
☐	headache	(名)	頭痛
☐	bridge	(名)	橋
☐	assistance	(名)	援助
☐	assist	(動)	援助する

p.106

☐	contestant	(名)	競技者
☐	cheaply	(副)	安く

▼ Lesson 07　名詞・代名詞

p.114

☐	wrap	(動)	～を包む

p.116

☐	arrest	(動)	逮捕する
☐	crime	(名)	犯罪
☐	have nothing to do with～		
		(熟)	～とは何の関係もない
☐	have something to do with～		
		(熟)	～と何らかの関係がある
☐	have much to do with～		
		(熟)	～と大いに関係がある
☐	have little to do with～		
		(熟)	～とほとんど関係がない
☐	recently	(副)	最近
☐	university	(名)	大学
☐	the other	(代)	2つのものの中でもう1つ
☐	another	(代)	他にもまだある中でもう1つ
☐	others	(代)	他にもいろいろある中で複数のもの
☐	the others	(代)	最後に残った複数のものすべて
☐	invention	(名)	発明
☐	agriculture	(名)	農業
☐	population explosion	(名)	人口爆発
☐	production	(名)	生産
☐	bomb	(名)	爆弾
☐	land	(名)	土地

p.118

☐	scarf	(名)	スカーフ
☐	vote for～	(熟)	～に賛成票を投じる
☐	vote against～	(熟)	～に反対票を投じる
☐	abstain	(動)	棄権する
☐	some ....., others	(構)	・・・・・な人もいれば，・・・・・な人もいる
☐	farewell	(形)	送別の
☐	those present	(熟)	出席者たち
☐	heart	(名)	心，心臓
☐	mind	(名)	心，精神
☐	spirit	(名)	精神
☐	keep ～ in mind	(熟)	～を心に留める
☐	blood pressure	(名)	血圧
☐	in one's teens	(熟)	13歳から19歳までに

p.120

☐	crow	(動)	(おんどりが)鳴く
☐	cock	(名)	おんどり
☐	sign	(名)	標識，符号，前兆，兆候
☐	letter	(名)	手紙，文字
☐	silent letter	(名)	黙字
☐	syllable	(名)	音節
☐	might	(助)	Vするかもしれない
		(名)	力
☐	argument	(名)	議論
☐	room	(名)	部屋，余地
☐	scope	(名)	範囲
☐	agreement	(名)	一致，契約
☐	insistence	(名)	主張
☐	There is no room for～		
		(構)	～の余地はない
☐	favorite	(形)	大好きな
☐	dessert	(名)	デザート
☐	digest	(動)	消化する
☐	device	(名)	装置
☐	to say nothing of～	(熟)	～は言うまでもなく
	= not to mention～		
	= not to speak of～		

p.122

☐	World War Ⅱ	(名)	第二次世界大戦
	= the Second World War		
☐	promise to V	(動)	Vするのを約束する
☐	drop 人 a line	(熟)	人に手紙を書く
☐	line	(名)	列，仕事，せりふ，しわ
☐	between you and me	(熟)	ここだけの話だが

p.124

☐	something is wrong with～		
		(熟)	～の具合が悪い
☐	serious	(形)	真剣な
☐	give a thought to～	(熟)	～を考える
	= consider～		
☐	on second thought	(熟)	もう一度考え直して
☐	appetite	(名)	食欲
☐	hopefully	(副)	うまくいけば

☐ A is one thing, B is (quite) another		
= A is different from B	(構)	AとBは異なっている

▼ Lesson 08　前置詞・接続詞

p.126-127

☐ proposal	(名)	提案，計画
☐ persuade	(動)	～を説得する
☐ limited edition	(名)	限定版
☐ chopsticks	(名)	箸

p.129

☐ striped	(形)	ストライプの，しま模様の
☐ quantity	(名)	量，数
☐ quality	(名)	質，性質

p.130

☐ while S V	(構)	S が V する間，S が V する一方で
☐ save up	(熟)	貯める
☐ It will be 時間 before S V	(構)	S が V するまで時間がかかる
☐ It will not be long before S V	(構)	まもなくSはVするだろう
☐ manage to V	(動)	何とかして V する
☐ carry on	(熟)	続ける
☐ even though S V	(構)	たとえSがVしたとしても
☐ position	(名)	地位
☐ There is no doubt that S V	(構)	SがVすることに疑いはない
☐ doubtful	(形)	疑わしい
☐ as long as S V	(構)	S が V するならば，S が V する限り（条件・期間）
☐ as far as S V	(構)	S が V する限り（程度・距離）

p.132

☐ now that S V	(構)	今や S が V するので
☐ as S V	(構)	SがVするので（理由），とき（時），ように（様態），につれて（比例）
☐ whether S V	(構)	名詞節：S が V するかどうか／副詞節：S が V しようとしまいと
☐ fall asleep	(熟)	眠る
☐ doctor	(名)	医者
☐ like	(前)	～のように
☐ principal	(名)	校長
☐ hold = seize	(動)	つかむ

p.134

☐ temperature	(名)	気温
☐ below freezing	(熟)	氷点下
☐ apartment	(名)	アパート
☐ across	(前)	～を横切った所に

☐ cross	(動)	横切る
☐ in favor of ～ = for ～	(前)	～に賛成して
☐ against	(前)	～に反対して，～を背景にして，～によりかかって
☐ after	(前)	～にちなんで，～の名をとって
☐ in	(前)	～（手段，材料）で
☐ make progress	(熟)	上達する
☐ besides	(前)	～に加えて

p.136

☐ meter	(名)	メートル
☐ above sea level	(熟)	海抜
☐ above	(前)	離れて上の方にある
☐ over	(前)	全体に覆いかぶさって上にある
☐ beyond	(前)	～を越えて，～を過ぎて
☐ such (a[an]) ... ～ that S V	(構)	非常に…な～なのでSはVする
☐ be popular among[with] ～	(熟)	～に人気がある
☐ since	(前)	～以来（時の起点）
☐ for	(前)	～の間（期間）

p.138

☐ refuse	(動)	拒む
☐ offer	(名)	申し出
☐ income	(名)	収入
☐ live beyond one's income	(熟)	収入以上の生活をする
☐ channel	(名)	海峡
☐ cottage	(名)	山荘
☐ exhausted	(形)	疲れ果てた
☐ absolutely	(副)	完全に
☐ reach	(動)	到着する
☐ until[till] S V	(構)	SがVするまでずっと（……している）（継続）

▼ Lesson 09　その他

p.140

☐ artist	(名)	芸術家
☐ unicorn	(名)	ユニコーン
☐ translation	(名)	翻訳，訳

p.142

☐ commute	(動)	通勤する

p.144

☐ keep one's promise	(熟)	約束を守る
☐ last ～	(形)	最も……しそうにない～
☐ neither 助動詞 [be動詞] S	(構)	Sもまたそうしない
☐ judgement	(名)	判断
☐ respectable	(形)	まともな，立派な
☐ respectful	(形)	敬意に満ちた
☐ respect	(動)	尊敬する
☐ respective	(形)	それぞれの
☐ imagine	(動)	想像する

付録

単語・熟語リスト

☐ the 22nd century	(名) 22世紀
☐ what is ～ like	(構) ～はどのようなものか

p.146

☐ event	(名) 出来事
☐ describe	(動) 描写する
☐ imaginary	(形) 架空の
☐ imaginable	(形) 想像しうる
☐ image	(名) 像
☐ imagery	(名) 像
☐ imagine	(動) 想像する
☐ imaginative	(形) 想像力豊かな
☐ Saturn	(名) 土星
☐ orbit	(名) 軌道
☐ it takes 時間 for ～ to V	(構) ～がVするのに時間
= it takes ～ 時間 to V	がかかる
☐ it costs 金 for ～ to V	(構) ～がVするのにお金
= it costs ～ 金 to V	がかかる
☐ a little	(形) 少しばかりの
☐ little	(形) ほとんどない
☐ difficulty	(名) 苦労
☐ much	(形)〈否定文〉あまり(……ない)
☐ age	(名) 時代
☐ It is not too much to say that S V	
= It is no exaggeration	(構) SがVすると言っても
to say that S V	過言ではない

p.148

☐ grandparents	(名) 祖父母
☐ sell	(動) 売る
☐ dozen	(名) 12個
☐ by the 単位	(熟) ～単位で
☐ by the hour	(熟) 時間単位で
☐ by the pound	(熟) ポンド単位で
☐ literal	(形) 文字通りの
☐ literary	(形) 文学の
☐ literature	(名) 文学
☐ literate	(形) 読み書きができる
☐ native speaker	(名) ネイティヴスピーカー
☐ not all～	(熟) すべての～が……と
	いうわけではない

p.150

☐ weekday	(名) 月曜日から金曜日
	までの平日
☐ every other day	(熟) 1日おきに
☐ it is convenient for[to] ～	
	(熟) ～にとって都合がいい
☐ hard	(副) 一生懸命に

p.152

☐ the trouble is that S V	(構) 困ったことにSがVする
☐ the fact is that S V	(構) 実際はSがVする
☐ sleepy	(形) 眠い
☐ so 形容詞 [副詞] that S V	
	(構) 非常に…なので
	SはVする
☐ keep O C	(構) OをCのままにしておく

☐ have no choice but to V	
= cannot but V	(熟) Vするしかない
= cannot help Ving	
= cannot help but V	

▼ Lesson 10 動詞の語法

p.154-155

☐ recession	(名) 不況, 後退
☐ bankruptcy	(名) 倒産, 破産
☐ suspect	(名) 容疑者
☐ innocent	(形) 無罪の, 無邪気な
☐ sour	(形) すっぱい, 腐った
☐ attractive	(形) 魅力的な

p.156

☐ rest	(名) 休息

p.158

☐ give up	(熟) やめる
☐ succeed	(動) 成功する
☐ succeed in Ving	(熟) Vするのに成功する
☐ despair	(名) 絶望
☐ drive	(動) 運転する, 車で送る,
	駆り立てる, 追いやる
	(名) 衝動
☐ quit	(動) 止める
☐ blame A on B	(熟) AをBのせいにする
= blame B for A	
☐ musician	(名) 音楽家
☐ advise ～ to V	(動) ～にVするよう忠告
	する
☐ advise Ving	(動) Vすることを勧める
☐ 考え occur to 人	(熟) 人が考えを思いつく
= 人 hit on 考え	

p.160

☐ panoramic	(形) 概観的な
☐ command	(動) 命令する,
	(景色を)見渡す
	(名) 使いこなす能力
☐ widen	(動) 広くする
☐ drive ～ crazy	(熟) ～を狂わせる
☐ stand	(動) 我慢する
= put up with	
= endure	
= bear	
= tolerate	
☐ battery	(名) 電池
☐ work	(動)(機械などが)うまく
	作動する
☐ habit	(名) 習慣
☐ dissuade	(動) 思いとどまらせる
☐ talk ～ into Ving	(熟) ～を説得してVさせる
☐ talk ～ out of Ving	(熟) ～をVしないように
= dissuade ～ from Ving	説得する
☐ commentator	(名) 時事解説者
☐ audience	(名) 視聴者
☐ inform A of B	(熟) AにBを知らせる

☐ inform ～ that S V	(構)～にSがVすると知らせる	☐ ～ be allowed to V	(動)～はVするのを許される
☐ spend 時間 (in) Ving	(熟)Vするのに時間を費やす	☐ air-conditioning	(名)空調設備
☐ spend 金 on 物	(熟)物に金を費やす[使う]	☐ go C	(動)C(悪い状態)になる
		☐ ask ～ to V	(動)～にVするのを頼む

p.162

☐ bookshelf	(名)本棚	☐ increase	(名)増加
☐ lie-lay-lain-lying	(動)横たわる	☐ leisure	(名)余暇
☐ lay-laid-laid-laying	(動)横たえる	☐ opportunity	(名)機会
☐ overcome	(動)打ち勝つ	☐ provide A with B	(熟)AにBを供給する
☐ explode	(動)爆発する	= provide B for A	
☐ temper	(名)気質	☐ outdoor	(形)屋外の
☐ lose one's temper	(熟)怒る	☐ activity	(名)活動
= get angry			

▼ 中間テスト③ (Lesson 07-10)

p.168-169

☐ keep one's temper	(熟)平静を保つ	☐ decision	(名)決断
☐ persist	(動)固執する	☐ too ... (for ～) to V	(構)(～は)…すぎてVできない
☐ insist on Ving	(熟)Vすると主張する	☐ ticket	(名)切符
☐ excessively	(副)過度に	☐ cheap	(形)安い
☐ put on weight	(熟)太る	☐ advice	(名)忠告(不可算名詞)
= gain weight		☐ helpful	(形)役に立つ
☐ lose weight	(熟)やせる	☐ suburb	(名)郊外
☐ company	(名)会社	☐ center	(名)中心
☐ dollar	(名)ドル	☐ be free to V	(熟)自由にVすることができる
☐ airport	(名)空港	☐ outside	(副)戸外で
☐ charge 人 金 for～	(熟)～に対して人にお金を請求する	☐ corn	(名)トウモロコシ, 穀物
☐ see (to it) that S V	(構)SがVするよう気をつける[取り計らう]	☐ crop	(名)収穫高
		☐ percent	(名)パーセント

p.164

☐ discuss	(動)～について話し合う	☐ average	(名)平均
☐ turn out (to be) C	(熟)Cであるとわかる	☐ below	(前)～より下で
= prove (to be) C	[判明する]	☐ not ..... anymore	(構)もはや・・・・・ない
☐ next-door	(形)隣の	☐ actually	(副)実際は
☐ neighbor	(名)隣人	☐ accept	(動)受け入れる
☐ smell C	(動)Cのにおいがする	☐ grow C	(動)Cになる
☐ library	(名)図書館	☐ die out	(熟)死に絶える
☐ nearby	(形)近くの	☐ monument	(名)記念碑
☐ the other day	(熟)先日	☐ fall	(動)倒れる, 落ちる
☐ lend	(動)貸す	☐ value	(名)価値
☐ invest	(動)投資する	☐ decline	(動)衰える, 断る
☐ sunken	(形)沈んだ	☐ rate	(名)率
☐ ship	(名)船	☐ inflation	(名)インフレーション
☐ rise	(動)上がる	☐ raise	(動)上げる
☐ rising	(名)上昇	☐ prohibit ～ from Ving	(熟)～がVするのを禁止する
☐ salvage	(名)海難救助, 引き揚げ		

p.166

p.170

☐ breakfast	(名)朝食	☐ tragedy	(名)悲劇
☐ make ～ V	(動)～にVさせる	☐ the Royal Family	(名)王室
= force ～ to V		☐ condense	(動)凝縮する
= compel ～ to V		☐ crowded	(形)満員の
= oblige ～ to V		☐ it is ..... that S V	(構)SがVするのは・・・・・だ
☐ borrow	(動)借りる		
☐ allow ～ to V	(動)～がVするのを許す		

【訂正のお知らせはコチラ】
　本書の内容に万が一誤りがございました場合は, 東進 WEB 書店 (https://www.toshin.com/books/) の本書ページにて随時お知らせいたしますので, こちらをご確認ください。☞

大学受験　レベル別問題集シリーズ

英文法レベル別問題集④ 中級編【3訂版】

発行日：2023年　12月 25日　　初版発行
　　　　2024年　　8月 20日　　第2版発行

著者：**安河内哲也**

発行者：**永瀬昭幸**

編集担当：山村帆南
発行所：株式会社ナガセ
　　　　〒180-0003 東京都武蔵野市吉祥寺南町 1-29-2
　　　　出版事業部（東進ブックス）
　　　　TEL：0422-70-7456 ／ FAX：0422-70-7457
　　　　URL：http://www.toshin.com/books（東進 WEB 書店）
　　　　※本書を含む東進ブックスの最新情報は東進WEB書店をご覧ください。

制作協力：株式会社ティーシーシー（江口里菜）
編集協力：木下千尋　田中遼　松本六花　吉田美涼
校閲協力：Mark Wujek
DTP・装丁：東進ブックス編集部
印刷・製本：日経印刷株式会社

※落丁・乱丁本は着払いにて小社出版事業部宛にお送りください。新本におとりかえいたします。但し, 古書店等で本書を入手されている場合は, おとりかえできません。なお, 赤シート・しおり等のおとりかえはご容赦ください。
※本書を無断で複写・複製・転載することを禁じます。

© YASUKOCHI Tetsuya 2023　Printed in Japan
ISBN978-4-89085-942-9 C7382

東進ブックス

編集部より

この本を読み終えた君に オススメの3冊！

『英文法レベル別問題集』の3訂版が登場。レベル③では大学入試標準レベルの問題を演習します。本書が難しいと感じた人はこちらをやりましょう。

ベストセラー『英語長文レベル別問題集』の改訂版。レベル④は中堅私大レベルの長文を出題。英文を「速く」「正確に」読む力を高めよう！

共通テスト形式のオリジナル問題を5回分収録。著者による詳しい解説動画付きだから，共通テストの「傾向と対策」がしっかりわかる！

体験授業

安河内哲也先生

※1講座(90分×1回)を受講できます。
※お電話でご予約ください。
　連絡先は付録7ページをご覧ください。
※お友達同士でも受講できます。

この本を書いた講師の 授業を受けてみませんか？

東進では有名実力講師陣の授業を無料で体験できる『体験授業』を行っています。
「わかる」授業、「完璧に」理解できるシステム、そして最後まで「頑張れる」雰囲気を実際に体験してください。(対象：中学生・高校生)

主な担当講座　※2024年度

「有名大突破！　戦略英語解法」など

東進の合格の秘訣が次ページに

全国屈指の実力講師陣

東進の実力講師陣
数多くのベストセラー参考書を執筆!!

東進ハイスクール・
東進衛星予備校では、
そうそうたる講師陣が君を熱く指導する!

　本気で実力をつけたいと思うなら、やはり根本から理解させてくれる一流講師の授業を受けることが大切です。東進の講師は、日本全国から選りすぐられた大学受験のプロフェッショナル。何万人もの受験生を志望校合格へ導いてきたエキスパート達です。

英語

本物の英語力をとことん楽しく!日本の英語教育をリードするMr.4Skills.

安河内 哲也先生
[英語]

100万人を魅了した予備校界のカリスマ。抱腹絶倒の名講義を見逃すな!

今井 宏先生
[英語]

爆笑と感動の世界へようこそ。「スーパー速読法」で難解な長文も速読即解!

渡辺 勝彦先生
[英語]

雑誌『TIME』やベストセラーの翻訳も手掛け、英語界でその名を馳せる実力講師。

宮崎 尊先生
[英語]

いつのまにか英語を得意科目にしてしまう、情熱あふれる絶品授業!

大岩 秀樹先生
[英語]

全世界の上位5%(PassA)に輝く、世界基準のスーパー実力講師!

武藤 一也先生
[英語]

関西の実力講師が、全国の東進生に「わかる」感動を伝授。

慎 一之先生
[英語]

数学

数学を本質から理解し、あらゆる問題に対応できる力を与える珠玉の名講義!

志田 晶先生
[数学]

論理力と思考力を鍛え、問題解決力を養成。多数の東大合格者を輩出!

青木 純二先生
[数学]

「ワカル」を「デキル」に変える新しい数学は、君の思考力を刺激し、数学のイメージを覆す!

松田 聡平先生
[数学]

明快かつ緻密な講義が、君の「自立した数学力」を養成する!

寺田 英智先生
[数学]

WEBで体験

東進ドットコムで授業を体験できます！
実力講師陣の詳しい紹介や、各教科の学習アドバイスも読めます。
www.toshin.com/teacher/

国語

「脱・字面読み」トレーニングで、「読む力」を根本から改革する！
輿水 淳一先生 [現代文]

明快な構造板書と豊富な具体例で必ず君を納得させる！「本物」を伝える現代文の新鋭。
西原 剛先生 [現代文]

東大・難関大志望者から絶大な信頼を得る本質の指導を追究。
栗原 隆先生 [古文]

ビジュアル解説で古文を簡単明快に解き明かす実力講師。
富井 健二先生 [古文]

縦横無尽な知識に裏打ちされた立体的な授業に、グングン引き込まれる！
三羽 邦美先生 [古文・漢文]

幅広い教養と明解な具体例を駆使した緩急自在の講義。漢文が身近になる！
寺師 貴憲先生 [漢文]

小論文、総合型、学校推薦型選抜のスペシャリストが、君の学問センスを磨き、執筆プロセスを直伝！
正司 光範先生 [小論文]

文章で自分を表現できれば、受験も人生も成功できますよ。「笑顔と努力」で合格を！
石関 直子先生 [小論文]

理科

正しい道具の使い方で、難問が驚くほどシンプルに見えてくる！
宮内 舞子先生 [物理]

化学現象を疑い化学全体を見通す"伝説の講義"は東大理三合格者も絶賛。
鎌田 真彰先生 [化学]

「なぜ」をとことん追究し「規則性」「法則性」が見えてくる大人気の授業。
立脇 香奈先生 [化学]

「いきもの」をこよなく愛する心が君の探究心を引き出す！生物の達人。
飯田 高明先生 [生物]

地歴公民

歴史の本質に迫る授業と、入試頻出の「表解板書」で圧倒的な信頼を得る！
金谷 俊一郎先生 [日本史]

つねに生徒と同じ目線に立って、入試問題に対する的確な思考法を教えてくれる。
井之上 勇先生 [日本史]

"受験世界史に荒巻あり"と言われる超実力人気講師！世界史の醍醐味を。
荒巻 豊志先生 [世界史]

世界史を「暗記」科目だなんて言わせない。正しく理解すれば必ず伸びることを一緒に体感しよう。
加藤 和樹先生 [世界史]

どんな複雑な歴史も難問も、シンプルな解説で本質から徹底理解できる。
清水 裕子先生 [世界史]

わかりやすい図解と統計の説明に定評。
山岡 信幸先生 [地理]

政治と経済のメカニズムを論理的に解明しながら、入試頻出ポイントを明確に示す。
清水 雅博先生 [公民]

「今」を知ることは「未来」の扉を開くこと。受験に留まらず、目標を高く、そして強く持て！
執行 康弘先生 [公民]

※書籍画像は2024年7月末時点のものです。

付録 **2**

合格の秘訣 2 ココが違う 東進の指導

01 人にしかできないやる気を引き出す指導

夢と志は志望校合格への原動力！

夢・志を育む指導

東進では、将来を考えるイベントを毎月実施しています。夢・志は大学受験のその先を見据える、学習のモチベーションとなります。仲間とワクワクしながら将来の夢・志を考え、さらに志を言葉で表現していく機会を提供します。

一人ひとりを大切に君を個別にサポート

担任指導

東進が持つ豊富なデータに基づき君だけの合格設計図をともに考えます。熱誠指導でどんな時でも君のやる気を引き出します。

受験は団体戦！仲間と努力を楽しめる

チーム制

東進ではチームミーティングを実施しています。週に1度学習の進捗報告や将来の夢・目標について語り合う場です。一人じゃないから楽しく頑張れる。

現役合格者の声

東京大学 文科一類
中村 誠雄くん
東京都 私立 駒場東邦高校卒

林修先生の現代文記述・論述トレーニングは非常に良質で、大いに受講する価値があると感じました。また、担任指導やチームミーティングは心の支えでした。現状を共有でき、話せる相手がいることは、東進ならではで、受験という本来孤独な闘いにおける強みだと思います。

02 人間には不可能なことを AI が可能に

学力×志望校 一人ひとりに最適な演習をAIが提案！

AI演習

東進の AI 演習講座は 2017 年から開講していて、のべ 100 万人以上の卒業生の、200 億題にもおよぶ学習履歴や成績、合否等のビッグデータと、各大学入試を徹底的に分析した結果等の教務情報をもとに年々その精度が上がっています。2024 年には全学年に AI 演習講座が開講します。

■AI演習講座ラインアップ

高3生 苦手克服＆得点力を徹底強化！
「志望校別単元ジャンル演習講座」
「第一志望校対策演習講座」
「最難関4大学特別演習講座」

高2生 大学入試の定石を身につける！
「個人別定石問題演習講座」

高1生 素早く、深く基礎を理解！
「個人別基礎定着問題演習講座」 **2024年夏 新規開講**

現役合格者の声

千葉大学 医学部医学科
寺嶋 伶旺くん
千葉県立 船橋高校卒

高1の春に入学しました。野球部と両立しながら早くから勉強をする習慣がついていたことが合格の要因の一つです。「志望校別単元ジャンル演習講座」は、AIが僕の苦手を分析して、最適な問題演習セットを提示してくれるため、集中的に弱点を克服することができました。

東進で勉強したいが、近くに校舎がない君は… **東進ハイスクール 在宅受講コースへ**

「遠くて東進の校舎に通えない……」。そんな君も大丈夫！ 在宅受講コースなら自宅のパソコンを使って勉強できます。ご希望の方には、在宅受講コースのパンフレットをお送りいたします。お電話にてご連絡ください。学習・進路相談も随時可能です。 **0120-531-104**

---

03 本当に学力を伸ばすこだわり

楽しい！わかりやすい！そんな講師が勢揃い

実力講師陣

わかりやすいのは当たり前！おもしろくてやる気の出る授業を約束します。1・5倍速×集中受講の高速学習。そして、12レベルに細分化された授業を組み合わせ、スモールステップで学力を伸ばす君だけのカリキュラムをつくります。

英単語1800語を最短1週間で修得！

高速マスター

基礎・基本を短期間で一気に身につける「高速マスター基礎力養成講座」を設置しています。オンラインで楽しく効率よく取り組めます。

本番レベル・スピード返却 学力を伸ばす模試

東進模試

常に本番レベルの厳正実施。合格のために何をすべきか点数でわかります。WEBを活用し、最短中3日の成績表スピード返却を実施しています。

パーフェクトマスターのしくみ

合格したら次の講座へステップアップ

授業	確認テスト	講座修了判定テスト
知識・概念の **修得**	知識・概念の **定着**	知識・概念の **定着**

毎授業後に確認テスト / 最後の講の確認テストに合格したら挑戦！

現役合格者の声

早稲田大学 基幹理工学部
津行 陽奈さん
神奈川県 私立 横浜雙葉高校卒

私が受験において大切だと感じたのは、長期的な積み重ねです。基礎力をつけるために「高速マスター基礎力養成講座」や授業後の「確認テスト」を満点にすること、模試の復習などを積み重ねていくことでどんどん合格に近づき合格することができたと思っています。

ついに登場！ 君の高校の進度に合わせて学習し、定期テストで高得点を取る！

高等学校対応コース

目指せ！「定期テスト」**20点アップ！**「先取り」で学校の勉強がよくわかる！

楽しく、集中が続く、授業の流れ

1. 導入
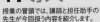
授業の冒頭では、講師と担任助手の先生が今回扱う内容を紹介します。

2. 授業

約15分の授業でポイントをわかりやすく伝えます。要点はテロップでも表示されるので、ポイントがよくわかります。

3. まとめ

授業が終わったら、次は確認テスト。その前に、授業のポイントをおさらいします。

付録 **4**

学力を伸ばす模試

▌本番を想定した「厳正実施」
統一実施日の「厳正実施」で、実際の入試と同じレベル・形式・試験範囲の「本番レベル」模試。
相対評価に加え、絶対評価で学力の伸びを具体的な点数で把握できます。

▌12大学のべ42回の「大学別模試」の実施
予備校界随一のラインアップで志望校に特化した"学力の精密検査"として活用できます(同日・直近日体験受験を含む)。

▌単元・ジャンル別の学力分析
対策すべき単元・ジャンルを一覧で明示。学習の優先順位がつけられます。

▌最短中5日で成績表返却 WEBでは最短中3日で成績を確認できます。※マーク型の模試のみ

▌合格指導解説授業 模試受験後に合格指導解説授業を実施。重要ポイントが手に取るようにわかります。

2024年度
東進模試 ラインアップ

共通テスト対策
▌共通テスト本番レベル模試 …… 全4回
▌全国統一高校生テスト（全学年統一部門）（高2生部門）（高1生部門） 全2回

同日体験受験
▌共通テスト同日体験受験 全1回

記述・難関大対策
▌早慶上理・難関国公立大模試 全5回
▌全国有名国公私大模試 全5回
▌医学部82大学判定テスト 全2回

基礎学力チェック
▌高校レベル記述模試〈高2〉〈高1〉 全2回
▌大学合格基礎力判定テスト 全4回
▌全国統一中学生テスト（全学年統一部門）（中2生部門）（中1生部門） 全2回
▌中学学力判定テスト〈中2生〉〈中1生〉 全4回

※ 2024年度に実施予定の模試は、今後の状況により変更する場合があります。
　最新の情報はホームページでご確認ください。

大学別対策
▌東大本番レベル模試 …… 全4回
▌高2東大本番レベル模試 全4回
▌京大本番レベル模試 全4回
▌北大本番レベル模試 全2回
▌東北大本番レベル模試 全2回
▌名大本番レベル模試 全3回
▌阪大本番レベル模試 全3回
▌九大本番レベル模試 全3回
▌東工大本番レベル模試［第1回］
東京科学大本番レベル模試［第2回］ 全2回
▌一橋大本番レベル模試 全2回
▌神戸大本番レベル模試 全2回
▌千葉大本番レベル模試 全1回
▌広島大本番レベル模試 全1回

同日体験受験
▌東大入試同日体験受験 全1回
▌東北大入試同日体験受験 全1回
▌名大入試同日体験受験 全1回

直近日体験受験 各1回
京大入試	北大入試	阪大入試
直近日体験受験	直近日体験受験	直近日体験受験
九大入試	東京科学大入試	一橋大入試
直近日体験受験	直近日体験受験	直近日体験受験

2024年 東進現役合格実績
受験を突破する力は未来を切り拓く力!

現役生のみ!
講習生を含む!

東大 現役合格 実績日本一 ※1 6年連続800名超!

※1 2023年東大現役合格実績をホームページ・パンフレット・チラシ等で公表している予備校の中で最大(2023年JDnet調べ)。

東大834名

文科一類 118名	理科一類 300名
文科二類 115名	理科二類 121名
文科三類 113名	理科三類 42名
学校推薦型選抜 25名	

現役合格者の36.5%が東進生!

東京大学 現役合格おめでとう!!

東進生現役占有率
834 / 2,284
36.5%
全現役合格者に占める東進生の割合
2024年の東大全体の現役合格者は2,284名。東進の現役合格者は834名。東進生の占有率は36.5%。現役合格者の2.8人に1人が東進生です。

学校推薦型選抜も東進!
東大25名
学校推薦型選抜
現役合格者の 27.7%が東進生! 27.7%
推薦入試での東進生現役占有率

法学部	4名	工学部	8名
経済学部	1名	理学部	4名
文学部	1名	薬学部	2名
教育学部	1名	医学部医学科	1名
教養学部	3名		

京大 493名 昨対+21名

総合人間学部 23名	医学部人間健康科学科 20名
文学部 37名	薬学部 14名
教育学部 10名	工学部 161名
法学部 56名	農学部 43名
経済学部 49名	特色入試 (上記にさき) 24名
理学部 52名	
医学部医学科 28名	

493名 史上最高!※2
現役生のみ!講習生を含む!
'22 468 '23 472 '24 493

早慶 5,980名 昨対+239名

早稲田大 3,582名 史上最高!※2	慶應義塾大 2,398名 史上最高!※2
政治経済学部 472名	法学部 290名
法学部 354名	経済学部 368名
商学部 297名	商学部 487名
文化構想学部 276名	理工学部 576名
理工3学部 752名	医学部 39名
他 1,431名	他 638名

5,980名 史上最高!※2
現役生のみ!講習生を含む!
'22 5,678 '23 5,741 '24 5,980

医学部医学科
1,800名 昨対+9名

1,800名 史上最高!※2
現役生のみ!講習生を含む!
'22 1,658 '23 1,791 '24 1,800

国公立医・医 1,033名 防衛医科大学校を含む	
私立医・医 767名 史上最高!※2	

国公立医・医 1,033名 防衛医科大学校を含む

東京大 43名	名古屋大 28名	筑波大 21名	横浜市立大 14名	神戸大 30名
京都大 28名	大阪大 23名	千葉大 25名	浜松医科大 19名	その他
北海道大 18名	九州大 23名	東京医科歯科大 21名	大阪公立大 12名	国公立医・医 700名
東北大				

私立医・医 767名 昨対+40名 史上最高!

自治医科大 32名	慶應義塾大 39名	東京慈恵会医科大 30名	関西医科大 49名	その他
国際医療福祉大 80名	順天堂大 52名	日本医科大 42名		私立医・医 443名

旧七帝大 + 東工大・一橋大・神戸大 4,599名

東京大 834名	東北大 389名	九州大 487名	一橋大 219名
京都大 493名	名古屋大 379名	東京工業大 219名	神戸大 483名
北海道大 450名	大阪大 646名		

国公立大 16,320名
※2 史上最高…東進のこれまでの実績の中で最大。

国公立 総合・学校推薦型選抜も東進!

旧七帝大 + 東工大・一橋大・神戸大 434名		国公立医・医 319名	
東京大 25名	大阪大 57名		
京都大 24名	九州大 38名		
北海道大 26名	東京工業大		
東北大 119名	一橋大 10名		
名古屋大 65名	神戸大 42名		

国公立大学の総合型・学校推薦型選抜の合格実績は、指定校推薦を除く、早稲田塾を含まない東進ハイスクール・東進衛星予備校の現役生のみの合同実績です。

上理明青立法中 21,018名

上智大 1,605名	青山学院大 2,154名	法政大 3,833名
東京理科大 2,892名	立教大 2,730名	中央大 2,855名
明治大 4,949名		

関関同立 13,491名

関西学院大 3,139名	同志社大 3,099名	立命館大 4,477名
関西大 2,776名		

日東駒専 9,582名

日本大 3,560名	東洋大 3,575名	駒澤大 1,070名	専修大 1,377名

産近甲龍 6,085名

京都産業大 614名	近畿大 3,686名	甲南大 669名	龍谷大 1,116名

ウェブサイトでもっと詳しく 東進 🔍検索

2024年3月31日締切

付録 6

各大学の合格実績は、東進ネットワーク(東進ハイスクール、東進衛星予備校、早稲田塾)の現役生のみ、高3時在籍のみの合同実績です。一人で複数合格した場合は、それぞれの合格者数に計上しています。

東進へのお問い合わせ・資料請求は
東進ドットコム www.toshin.com
もしくは下記のフリーコールへ！

ハッキリ言って合格実績が自慢です！ 大学受験なら、

東進ハイスクール

トーシン ゴーゴーゴー
0120-104-555

●東京都

[中央地区]
□ 市ヶ谷校	0120-104-205
□ 新宿エルタワー校	0120-104-121
＊ 新宿校大学受験本科	0120-104-020
高田馬場校	0120-104-770
□ 人形町校	0120-104-075

[城北地区]
赤羽校	0120-104-293
本郷三丁目校	0120-104-068
茗荷谷校	0120-738-104

[城東地区]
綾瀬校	0120-104-762
金町校	0120-452-104
亀戸校	0120-104-889
□★ 北千住校	0120-693-104
錦糸町校	0120-104-249
□ 豊洲校	0120-104-282
西新井校	0120-266-104
西葛西校	0120-289-104
船堀校	0120-104-201
門前仲町校	0120-104-016

[城西地区]
□ 池袋校	0120-104-062
大泉学園校	0120-104-862
荻窪校	0120-687-104
高円寺校	0120-104-627
石神井校	0120-104-159
□ 巣鴨校	0120-104-780

成増校	0120-028-104
練馬校	0120-104-643

[城南地区]
大井町校	0120-575-104
蒲田校	0120-265-104
五反田校	0120-672-104
三軒茶屋校	0120-104-739
□ 渋谷駅西口校	0120-389-104
下北沢校	0120-104-672
自由が丘校	0120-964-104
成城学園前校	0120-104-616
千歳烏山校	0120-104-331
千歳船橋校	0120-104-825
都立大学駅前校	0120-275-104
中目黒校	0120-104-261
□ 二子玉川校	0120-104-959

[東京都下]
吉祥寺南口校	0120-104-775
国立校	0120-104-599
国分寺校	0120-622-104
□ 立川駅北口校	0120-104-662
田無校	0120-104-272
調布校	0120-104-305
八王子校	0120-896-104
東久留米校	0120-565-104
府中校	0120-104-676
□★ 町田校	0120-104-507
三鷹校	0120-104-149
武蔵小金井校	0120-480-104
武蔵境校	0120-104-769

●神奈川県
青葉台校	0120-104-947
厚木校	0120-104-716
川崎校	0120-226-104
湘南台東口校	0120-104-706
新百合ヶ丘校	0120-104-182
センター南駅前校	0120-104-722
たまプラーザ校	0120-104-445
鶴見校	0120-876-104
登戸校	0120-104-157
平塚校	0120-104-742
藤沢校	0120-104-549
□ 武蔵小杉校	0120-165-104
□★ 横浜校	0120-104-473

●埼玉県
□ 浦和校	0120-104-561
□ 大宮校	0120-104-858
春日部校	0120-104-508
川口校	0120-917-104
川越校	0120-104-538
小手指校	0120-104-759
志木校	0120-104-202
せんげん台校	0120-104-388
草加校	0120-104-690
所沢校	0120-104-594
□★ 南浦和校	0120-104-573
与野校	0120-104-755

●千葉県
我孫子校	0120-104-253

市川駅前校	0120-104-381
稲毛海岸校	0120-104-575
海浜幕張校	0120-104-926
★ 柏校	0120-104-353
北習志野校	0120-344-104
□ 新浦安校	0120-556-104
新松戸校	0120-104-354
千葉校	0120-104-564
□★ 津田沼校	0120-104-724
成田駅前校	0120-104-346
船橋校	0120-104-514
松戸校	0120-104-257
南柏校	0120-104-439
八千代台校	0120-104-863

●茨城県
つくば校	0120-403-104
取手校	0120-104-328

●静岡県
★ 静岡校	0120-104-585

●奈良県
★ 奈良校	0120-104-597

★ は高卒本科(高卒生)設置校
＊ は高卒生専用校舎
□ は中学部設置校

※変更の可能性があります。
最新情報はウェブサイトで確認できます。

全国約1,000校、10万人の高校生が通う、

東進衛星予備校

トーシン ゴーサイン
0120-104-531

近くに東進の校舎がない高校生のための

東進ハイスクール 在宅受講コース

ゴーサイン トーシン
0120-531-104

ここでしか見られない受験と教育の最新情報が満載！

東進ドットコム
www.toshin.com

東進 🔍検索

東進TV

東進のYouTube公式チャンネル「東進TV」。日本全国の学生レポーターがお送りする大学・学部紹介は必見！

大学入試過去問データベース

君が目指す大学の過去問を素早く検索できる！ 2024年入試の過去問も閲覧可能！

大学入試問題 過去問データベース
190大学 最大30年分を 無料で閲覧！

付録 7

※2024年4月現在